퀴어 신학이 왜 문제인가?

QUEER THEOLOGY

퀴어 신학이
왜 문제인가?

퀴어 신학의 이단성 탐구

이승구 · 곽혜원 · 이상원 지음

신학자성윤리연구모임
CLC

편집자 서문

20세기가 사회주의 혁명과 더불어 시작되었다면, 21세기 새 천년은 신(新)사회주의적 성혁명(sexual revolution)의 거센 해일과 함께 시작되었다고 해도 과언이 아닙니다. 서구사회의 교회와 성도덕을 초토화시킨 성혁명과 젠더이데올로기의 거대한 파도는 언제든지 한국사회와 교회를 집어 삼키려는 강력한 기세로 다가와 있습니다. 수없이 많은 작은 파도들이 끊임없이 한국사회와 교회를 파고 들어와 이미 상당 부분 이 파도에 훼손되어 있습니다. 입법부, 사법부, 행정부, 국가인권위원회와 인권보도준칙에 스스로 얽매어 들어간 주류 언론, 초중고등학교 공교육, 학계와 문화예술계, 산업노동계, 그리고 심지어 교회까지도 이 오염의 파도로부터 자유롭지 못합니다.

이 거대한 성혁명과 젠더 이데올로기(gender ideology)의 해일을 일으킨 지진의 진앙에는 왜곡된 성경해석과 신학을 통하여 동성애와 젠더 개념을 정당화하고자 하는 퀴어 신학(Queer Theology)이 웅크리고 있습니다. 동성애를 '가증한 죄'로 비판하고 있고 확실한 남녀성별과 이성애적 결혼질서를 보편적인 성질서로 일관되게 선언하고 있는 성경의 가르침과 정통신학을 붕괴시키지 않고는 성혁명전략이 성공할 수 없다는 사실을 동성애주의자들과 젠더주의자들은 잘 알고 있습니다. 퀴어 신학자들은 동성애를 비판하고 있는 성경본문들을 해석학적으로 뒤집어엎어서 동성애와 무관하거나 오히려 역으로 동성애를 미화하는 본문들로 둔갑시켜 놓고 있으며, 성경 안에 등장하는 사랑과 우정의 관계를 모두 포르노적으로 해석하고 있으며, 하나님을 온갖 형태의 성적인 불륜을 범하는 색광으로 전락시키고 있습니다. 단언하면 퀴어신학은 이단성을 넘어서서 참람한 신성모독까지도 감행하고 있는 사탄적인 신학 체계입니다. 따라서 퀴어 신학은 건전한 신학적 대화의 대상이 아니라 교회와 성경해석과 신학의 순결을 위하여 단호하게 척결해 버려야 할 영적 독성을 품은 신학입니다. 이 신학이 신사회주의적이고 해체주의적인 철학사상가들의 후광을 업고 현대 신학계에 파고 들어와 한 자리를 차지하려고 기승을 부리고 있습니다. 따라서 퀴어 신학의 성경해석과 신학체계를 비판하고 그 거짓됨을 분명하게 드러내어 한국교회의 순결을 지켜내는 일은 성혁명과 젠더이데올로기에 대항하여 전개하는 투쟁에서 반드시 필요한 한 과정입니다.

본서는 이와 같은 필요에 부응하기 위하여 준비되었습니다. 이 책에는 퀴어 신학을 주제로 다룬 세 편의 논문이 실려 있습니다. 곽혜원 교수님과 필자의 논문은 동성애동성혼반대전국교수연합에서 지원한 연구비의 도움으로 작성되어 2022년 기독교세계관학술동역회가 개최한 정기학술대회에서 발표된 바 있습니다. 원래는 이 두 논문을 모아서 소책자 형식으로 발표하려고 했었는데, 마침 이승구 교수님이 퀴어 신학에 관하여 준비하신 논문이 있다는 소식을 듣고 함께 엮을 것을 제안했고 이승구 교수님이 흔쾌하게 수락하여 추가하게 되었습니다.

세 편의 논문은 사전에 기획된 것이 아니라 각각 별도로 작성한 것들이지만 논문들을 모아놓고 보니 논리적으로 잘 연결이 되었습니다. 이승구 교수님의 논문 "퀴어 신학이란 무엇인가?"는 퀴어 신학의 형성과정과 핵심논증의 틀을 잘 정리해 주시고 또한 퀴어 신학을 다룬 문헌들에 관한 광범위한 정보를 소상하게 소개해 주셔서 퀴어 신학 총론의 역할을 충실히 할 수 있는 논문입니다. 따라서 이 논문을 제일 앞에 배치했습니다. 곽혜원 교수님의 논문, "퀴어 신학의 왜곡된 성경 해석"은 네 사람의 대표적인 1세대 퀴어 신학자들의 왜곡된 성경해석을 소개하고 정통신학의 관점에서 예리하게 비평하는 내용을 담고 있습니다. 마지막으로 편성된 필자의 논문인 "퀴어 신학의 이단성"은 퀴어 신학의 삼위일체론이 전개하는 친동성애적이고 젠더주의적일 뿐만 아니라 포르노그래피적이기까지 한 신학체계를 소개하고 퀴어 신학이 이단성이 명확할 뿐만 아니라 신성모독적이기도 한 신학임을 분명히 드러내는 내용을 담고 있습니다.

아무쪼록 본서가 거짓과 음란성으로 점철된 외설신학인 퀴어 신학의 실체를 한국교계에 알림으로써 한국교회와 신학의 순결성을 보호하고 동성애, 동성혼, 젠더이데올로기로부터 한국사회를 지켜내는 거룩한 운동에 힘을 실어 줄 수 있기를 간절히 기원하는 마음입니다. 논문을 책으로 출간하는 것을 허락해 주신 이승구, 곽혜원 교수님께 감사드리며, 책을 엮는 것을 제안해 주시고 출판에 필요한 모든 경비를 흔쾌히 감당해 주신 제양규 교수님과 동반교연에 깊은 감사를 표하며, 책을 예쁘게 꾸며주신 윤상은 디자이너와 기타 출판 실무 작업을 정성스럽게 해 주신 CLC에게도 감사의 말씀을 전합니다.

2023년 3월
판교 연구실에서
이상원 씀

목차

편집자 서문 004

퀴어 신학이란 무엇인가? _ 이승구

들어가는 말 012
I. 퀴어 신학의 형성배경 014
II. 퀴어 신학 개관 018
　1. 마르셀라 알트하우스-리드 | 2. 테오도르 제닝스 | 3. 다니엘 헬미니악
III. 퀴어 신학의 논증과 정통 기독교의 논증 025
　1. 절대적 하나님 대(對) 퀴어 하나님 | 2. 인간과 죄에 대한 이해의 대립 | 3. 정통적 그리스도 대(對) 퀴어 그리스도 | 4. 동성애를 극복하는 구원 대(對) 동성애를 포용하며 조장하는 구원 | 5. 동성애 등의 죄와 싸우는 전투적 교회 대(對) 동성애를 포용하는 교회 | 6. 명확한 성경적 종말론 대(對) 미래적 성적인 종말론(Sexchatology)

나가는 말 035

퀴어 신학의 왜곡된 성경해석 _ 곽혜원

들어가는 말 038
I. 퀴어 신학 개관 043
　1. 퀴어 신학의 정의 | 2. 퀴어 신학의 기원
II. 퀴어 신학의 왜곡된 성경해석 048
　1. 데릭 셔윈 베일리 | 2. 존 보스웰 | 3. 다니엘 헬미니악 | 4. 테오도르 제닝스
나가는 말 074

퀴어 신학의 이단성 _ 이상원

들어가는 말 084

I. 퀴어 신학의 정의, 방법론 그리고 철학적 배경 087
　1. 퀴어 신학의 정의 ｜ 2. 퀴어 신학의 신학적 방법론 ｜ 3. 퀴어 신학의 종교적, 철학적 배경

II. 퀴어 신학의 삼위일체론(1): 성부 하나님 098
　1. 계시론: 하나님의 계시는 하나님의 커밍아웃 ｜ 2. 탑(top)의 위치에서 성교에 참여하시는 범신범성적 성애의 하나님 ｜ 3. 삼위일체의 관계는 난교(亂交)와 다자성애 ｜ 4. 창조: 하나님의 범신범성적 성애의 쏟아부음

III. 퀴어 신학의 삼위일체론(2): 성자 하나님 105
　1. 죄: 범신범성적 성애의 거부 ｜ 2. 예수 그리스도: 자웅동체적 남녀양성자 ｜ 3. 구속: 범신범성적 성애를 통한 희생양삼기를 끝내기

IV. 퀴어 신학의 삼위일체론(3): 성령 하나님 111
　1. 성령: 범신범성적 성애로 인도하는 보혜사 ｜ 2. 교회: 범신범성적 성애의 외적 공동체 ｜ 3. 성례: 범신범성적 성애의 미리 맛보기 ｜ 4. 종말론적인 지워짐

V. 퀴어 신학의 삼위일체론에 대한 비판 118
　1. 퀴어 신학의 정의의 문제 ｜ 2. 범신론의 문제 ｜ 3. 신성모독적인 범신론(1): 하나님을 반창조질서적이고 반생물학적인 성전환자와 동일시함 ｜ 4. 신성모독적인 범신론(2): 하나님을 성적인 불륜행위자와 동일시함 ｜ 5. 신성모독적인 범신론(2): 중요한 교리적 사건들을 커밍아웃으로 해석함

나가는 말 132

미주 134

QUEER THEOLOGY

퀴어 신학이란 무엇인가?

이 승 구 [1]

들어가는 말

　1990년대 중반부터 '퀴어 신학'(queer theology)이라는 용어가 나타나고 있다. 퀴어 신학을 선도한 학자들로는 데릭 셔윈 베일리(D. Sherwin Bailey), 월터 브뤼게만(Walter Brueggemann), 존 제이 맥네일(John J. Mceill), 존 보스웰(Johen Boswell), 로빈 스크록스(Robin Scroggs), 빅터 폴 퍼니쉬(V. P. Furnish)를 들 수 있다. 베일리는 친(親)동성애 논의의 포문을 연 학자로서 창세기 19장의 소돔과 고모라의 죄가 동성애가 아니라 손님에 대한 호의적 접대(hospitality)를 하지 않은 것이라는 해석을 제시했다.[2] 베일리는 영국 성공회의 사제로서 1962년에 웰스 대성당의 참사회 회원(Canon)을 지냈다. 브뤼게만은 소돔의 죄가 집단 강간이라는 해석을 제시하면서 이 본문은 현대의 동성애 문제를 다루기에 적절한 본문이 아니라는 주장을 개진했다.[3] 로마 가톨릭 교회 사제였던 맥네일은 게이와 레즈비언을 교회가 수용해야 할 뿐만 아니라 이들이 지도력을 가지고 신앙 가운데서 활발하게 살 수 있도록 교회의 구조를 재편성해야 한다고까지 주장했다.⁴ 보스웰은 예일 대학교의 역사학 교수로서, 바울이 비판한 것은 동성애 그 자체가 아니라 오직 동성애적 매춘이며, 로마 가톨릭 교회는 적어도 12세기까지는 동성혼을 금지하지 않았다는 주장을 폈다. 그는 1994년, 47세의 나이로 에이즈 합병증으로 사망했다. 스크록스도 바울은 동성애 그 자체를 비판하지 않고 동성애 매춘⁵과 동성 착취적 소아성애를 비판한 것이라는 주장을 폈다.⁶

I. 퀴어 신학의 형성배경

신학에 '퀴어'라는 말을 적용시켜 처음 사용한 것은 1993년에 게이, 레즈비언 선언을 <행동화된 예수> *Jesus Acted Up*라는 책으로 낸 로버트 고스(Robert E. Goss)다.[7] 그는 로마 가톨릭 교회 교인으로서, 1976년에 예수회의 사제로 임직되었으나 1978년 탈퇴했다. 하버드 대학교에서 비교종교학으로 박사학위를 취득한 후 1994년부터 2004년까지 웹스터 대학교(Webster University) 종교학과에서 가르치고 학과장도 역임했으며, 2000년도에는 과학과 종교에 큰 기여를 한 사람들에게 주는 템플톤 상을 받기도 했었다. 그러나 그는 동성애와 동성애자들을 적극적으로 옹호한 행적 때문에 정년 보장을 받지 못했다. 그 후 그는 클래어몬트 대학교, 캘리포니아 주립대학교 등에서 비교 종교학을 가르쳤다. 1995년에 로마 가톨릭 교회를 탈퇴하고 미국에서 가장 큰 LGBTQ 교단인 메트로폴리탄 커뮤니티 교회(the Metropolitan Community Church)의[8] 목사가 되었다. 세인트 루이스의 회중을 섬기기도 했고, 지금은 북-할리우드의 회중 교회(Metropolitan Community Church in the Valley, North

Hollywood, CA)을 섬기고 있다.[9] 그는 여러 명의 동료 신학자들과 함께 퀴어 신학을 주제로 한 저서를 출간했다.[10]

퀴어 신학에서 사용하는 '퀴어'(queer)라는 용어는 '퀴어 이론'(queer theory) 또는 '퀴어 비판 이론'(queer critical theory)이라는 철학과 사회학의 논의로부터 차용한 것이다.[11] 퀴어 이론은 프랑스의 포스트모던주의자인 미셸 푸코(Michel Foukault)를 따르는 문화이론가들인 쥬디스 버틀러(Judith Butler),[12] 리 에델만(Lee Edelman),[13] 잭 유디스 할버스탐(Jack Judith Halberstam),[14] 데이비드 엠 할퍼린(David M. Halperin),[15] 호세 에스테반 뮤노즈(José Esteban Muñoz),[16] 그리고 이브 코소프스키 시즈윅(Eve Kosofsky Sedgwick)[17]의 영향 하에 동성애를 옹호하고 페미니즘적 입장을 성 정체성 문제에 적용시킨 것이다. 이 용어를 처음으로 제시한 사람은 이탈리아 페미니스트요 영화이론가인 테레사 드 로레티스(Teresa de Lauretis)다. 그녀는 1990년 캘리포니아 대학교에서 열린 한 학회에서 "퀴어 이론"이라는 용어를 조어(造語)해 사용했으며, 이 학회에서 발표된 여러 논문들을 자신이 편집하는 학회지의 특별호로 내면서 이 용어가 널리 쓰이기 시작한 것으로 알려지고 있다.[18] 1990년대 이후로 해체 철학과 사회학에서 점점 더 많이 사용되던 퀴어 이론[19]을 신학에 적용시켜 작업하는 것이 퀴어 신학이다. 퀴어 신학이나 퀴어 종교라는 용어는 90년대 중반부터 사용되기 시작했다.[20]

수잔나 콘월(Susannah Cornwall)[21]은 이전에 게이 신학과 레즈비언 신학으로 부르던 분과가 90년대 말부터 퀴어 신학이라는 이름으로 통합되었다고 한다.[22] 1960년대부터 남성 동성애자들과 (또한 자신들은 동성애자는 아니지만) 그들을 옹호하는 사람들이 신학에서 자신들의 목소리를 신학계에서 내기 시작했고 그것을 게이 신학이라고 부르기도 했다.[23] 80년대와 90년대에 들어서 여성 동성애자들과 또 그들을 옹호하는 사람들이 동성애를 하는 남성의 경험과 동성애를 하는 여성의 경험이 다르다는 것을 주장하면서 게이 신학과 레즈비언 신학의 차이를 언급하는 일도 많이 나타났다. 레즈비언 신학을 주장하는 학자들은 게이 신학을 주장하는 자들이 기독교 안에서 한 자리를 차지하는 것으로 만족하고 있다고 비판했다.[24] 레즈비언 신학자들은 한걸음 더 나아가 기독교 그 자체를 완전히 뒤엎어야 한다고 보았다. 기독교가 가부장적 사고, 인종차별, 성차별, 이성애적 편향 등과 같은 배타적 신념과 실천에 뿌리를 내리고 있기 때문에 해체되어야만 한다는 것이다.

미국 성공회 사제 패트릭 쳉(Patrick S. Cheng)[25]은 퀴어 신학이라는 용어[26]와 '레인보우 신학'이라는 용어를 함께 사용한다.[27] 쳉에 의하면, 퀴어 신학은 LGBTQI - 레즈비언, 게이, 양성애자, 성전환자, 퀴어, 간성 - 의 특별한 필요에 초점을 맞추어 행하거나 그들을 대변하기 위한 신학으로, "사회적 성(gener)과 포괄적 성(sexaulity)에 대한 사회적 문화적 규범들에 의도적으로 대립"하면서, "이전까지는 숨어 있던 소리들(hidden voices)과 숨어 있던 관점들(hidden perspectives)을 드러내려는" 것이며, "여러 정체성, 특히 성적 정체성과 관련한 경계들을 도전하고 해체하려는" 신학이다.[28]

퀴어링 기독교라는 말도 사용되고 있다.[29] 그리고 미국에서의 대표적인 퀴어 그룹으로 ACT UP, Queer Nation, 그리고 천주교 게이그룹인

Dignity USA 등이 있다. 그런가 하면 '퀴어 무슬림 신학'(queer Muslim theology)을 말하는 무슬림 학자들도 있다.[30]

II. 퀴어 신학 개관

이 장에서는 대표적인 퀴어 신학자들 가운데 몇 명을 선정하여 이들의 퀴어 신학 논증을 소개하고자 한다.

1. 마르셀라 알트하우스-리드

1952년 아르헨티나의 로자리오(Rosario)에서 태어난 마르셀라 알트하우스-리드(Marcella Althaus-Reid)는 해방신학자인 호세 보니노(Jose Miguez Bonino)와 세베리노 크로아타(J. Severino Croatta)와 함께 공부했다. 아르헨티나 감리교 목사로 훈련받고 파울로 프레리(Paulo Freire)의 "의식화" 방법을 연구하였으며, 브에노스아이레스의 가난한 사람들의 공동체와 스코틀란드의 던디(Dundee)와 펄뜨(Perth)에서 이 방법을 실행에 옮기기도 했다. 폴 리꾀르(Paul Ricoeur)와 해방신학 연구로 1994년 세인트 앤드류스 대학교에서 박사학위를 취득하고, 에딘버러

대학교 최초의 여성신학 교수로 봉직했다.

리드는 남미의 해방신학이 사회적으로 억압받는 사람들에 대해 관심을 기울이긴 했으나 성경의 가르침을 여성들, 퀴어인(queer people), 그리고 성에 대해 적극적으로 적용하지 못했다고 비판했다. 리드는 해방신학, 여성신학, 퀴어 신학을 서로 연결시키면서 신학은 몸과 산 경험과 연관되어야만 한다고 주장했다. 따라서 리드는 자신을 "점잖지 않은 신학"(indecent theology)을 하는 사람이라고 규정한다. 이 신학은 "우리의 음식에 대한 갈망, 다른 몸을 만지고 싶은 갈망, 사랑에 대한 갈망, 하나님에 대한 갈망(our hunger for food, hunger for the touch of other bodies, for love and for God)의 지나침을 표현해 내야만 효과적이 될 것"이라고 한다. 그녀는 한걸음 더 나아가 "그 어떤 것을 다른 것에 종속시키는 것이 아니라, 경제적 정의와 성적인 정의의 세계를 함께 갈망하는 데서만 신적인 것과의 만남이 일어날 수 있다"고까지 표현한다. 이 만남은 "우리들이 이성애라는 변태적 규범성의 이데올로기적 질서를 용감하게 떠나려고 할 때, 욕망의 교차점에서만 만날 수 있는 만남"이다. 그것은 "점잖치 않음과의 만남이며, 하나님의 점잖지 않음과의 만남이고, 기독교와의 만남이다."[31] 그녀는 스스로를 "점잖치 않은, 라틴계의 양성애 신학자"(indecent, Latina, bisexual theologian)라고 규정한다.

리드는 새롭게 정의된 기독교를 믿는 강하고 살아 있는 신앙과 성적인 욕망은 동행할 수 있는 것이며, 본질적으로 모순되지 않는 것이라고 주장했다. 그녀는 예레미야 2:23-25을 나름대로 번역하기를 "나는 낯선 이들을, 다른 사람들을 알지 못하는 이들을, 타자를 사랑하고, 그들을 따르

겠노라"고 말하면서, 성경이 타자성과 욕망을 잘 연결하고 있다고 주장한다. 이스라엘의 우상 숭배적 성향과 행동을 비판하는 부분을 이렇게 해석하는 것은 정통 기독교의 관점에서는 매우 낯선 것이다. 그녀는 게이클럽의 거룩성을 말하면서 하나님을 "퀴어 하나님"이라고까지 부른다.[32] 그녀는 동성애자를 포용하는 교단인 메트로폴리탄 커뮤니티 교회(the Metropolitan Community Church)의 일원이 되어 그 입장을 대변하다가 오랜 투병 끝에 2009년 2월 20일에 사망했다.

2. 테오도르 제닝스

1942년생인 테오도르 제닝스(Theodore W. Jennings, Jr.)는 듀크 대학교를 거쳐 1967년 에모리 대학교에서 박사학위를 취득했다. 이후 3년 동안 멕시코 시티에 있는 감리교 신학교에서 가르치다가 시카고대학교 신학부 교수로 재직했는데, 2020년 강연 중에 뇌경색으로 갑자기 쓰러져 사망했다. 제닝스는 "어떤 문서에도 소돔의 죄로 동성애를 언급하지 않고 있다"고 주장했다.[33] 성경에서 말하는 소돔과 고모라의 죄는 교만, 폭력, 미움 등일 뿐이며, 소돔의 죄는 오직 "약한 이방인을 대상으로 집단 강간을 저지르려는 형태를 취했던 소돔의 불의를 말하는 것"이다. 신약에서 사도 바울이 로마의 죄를 지적하면서 "여자들이 본성에 반해 행동 한다"고 했을 때 "본성에 반해 행동 한다"는 것은 "섹스에 대한 것이 아니다." "황제들을 지배하고, 남편, 아버지 심지어 아들을 암살하며, 권력 게임에 성을 사용하는 제국의 여자들을 지칭한 것이 동성애혐오를 위해 왜곡되어 인용되었다"는 것이다. "황제들의 극단적인 성적 잔인성을 비난했던" 이교도나 바울이 "동의와 상호성에 의한 일반인들의 성적 관계에는 관심을 두지 않는" 태도를 취한 점도 이러한 주장을 뒷받침해준다는 것이다. 성경은 오히려 동성애를 지지하는 내용을 많이 담고 있다고 주장한다. 그러면서 동성애를 옹호하는 이들이 말하는 전형적인 주장, 즉 "다윗과 요나단, 룻과 나오미" 등의 이야기가 "명백한 동성애 관계"라고 한다.[34] 그는 '룻과 나오미'의 이야기는 서구 문학에 최초로 등장하는 레즈비언 로맨스라면서 "룻과 나오미 간에 오가는 사랑의 말은 이성 간의 결혼을 축하하는 예전(예배)에서 종종 등장한다. 서로에 대한 사랑으로 가부장적 세계에서 위험을 무릅쓰고 늙은 보아스를 유혹하는 이야기다." "룻의 아들이 태어났을 때 '룻이 보아스에게 아들을 안겼다는 말을 하지 않고, 룻이 나오미에게 아들을 안겼다'라고 말한다." 이는 제3자인 남성을 통해 아이를 얻는 레즈비언 커플의 이야기가 상기되는 대목이라는 것이다.

제닝스에 의하면, 신약에도 그런 예가 있다고 하면서 종을 고쳐 달라고 예수님께 온 백부장을 그 예로 든다.[35] 팔레스타인 지역에 대한 군사적 통치권을 쥔 로마 군인이 아픈 소년 애인의 치료를 간청하기 위해 찾아온 것을 보고 예수는 적대시하거나 혐오하지 않고 오히려 기꺼이 병을 고치기 위해 '너의 집에 가겠다'고 한다. 제닝스는 "예수가 백부장의 사랑만을 보았"으며 "사랑 때문에 모든 것을 감수하는 것, 그것이 백부장의 믿음의 본질"이라고 주장한다.[36] 그는 '동성애에 대한 정죄'는 "성경이 죄라고 판정하는 것이 탐욕과 교만과 폭력이라는 것"을 잊게 하고, "부유한 자들과 권력자들의 비위를 맞추는 자들의 이익에 봉사"하는 결과를 낳고 있다고 주장한다.

그뿐만 아니라 제닝스는 예수님이 남자를 사랑하는 사람이었다고 주장하며 신약에는 동성애적(homoerotic) 본문이 많이 있다고 한다.[37] 전통적 교회가 동성애에 대해서 부정적 인식을 가지게 된 것은 바울적인 것이 아니라고 주장한다.[38]

3. 다니엘 헬미니악

다니엘 헬미니악(Daniel A. Helminiak)은 1942년 생으로 펜실바니아주 피츠버그에 위치한 폴란드 이민자들의 공동체에서 성장한 천주교도로서, 신부가 되기를 소망하여 17세에 시라큐스에 있는 Our Lady of the Lake Seminary, St. Vincent Seminary (Latrobe, PA)에서 철학으로 학사학위를 마쳤다. 이후 로마 그레고리안 대학교에서 공부하면서 1967년 교황의 교구 교회인 성 요한 라테란 성당(St. John Lateran Basilica) 신부로 임직했다(1967). 미국으로 돌아와 4년 동안 피츠버그에 있는 시몬과 유다 성당(S. Simon and Jude Church in Scott Township) 사목으로 사역하고, 볼티모아에 있는 St. Mary Seminary에서 가르쳤다(1972-1973). 1979년 보스톤대학에서 조직신학으로 박사 학위를 취득했고, 1994년에는 텍사스 대학교에서 교육 심리학 전공으로 두 번째 박사학위를 했다(1994). 그는 1976년에 게이임을 드러냈고, 1995년에 공식적인 사제직 사직원을 바티칸에 냈으나 받아들여지지 않았다. 그는 천주교 LGBT 사람들을 돕는 네트워크인 DignityUSA를 돕고 있다. 1995년부터 웨스트 조오지아 대학교의 심리학과에서 가르치고 있다.

헬미니악은 영적인 핵심(spiritual core)이 모든 문화에 관통해 있다는 것을 골자로 하는 영성 심리학(psychology of spirituality)을 제시한다.[39] 그는 창세기 1:26-27을 근거로 들면서 예수 그리스도의 구속 사역과 인간의 마음에 부어진 성령의 은사에 근거해서(롬 5:5) 인류가 가능한 최대한의 성취에 이르게 되고 "모든 것에 대한 모든 것의 이해나 보편적 사랑과 같은 신에게만 있는 어떤 자질들도 공유하게" 될 것이라고 주장한다. 그럼에도 인간은 하나님의 "영원하고 창조되지 않은 존재는 공유하지 못함"을 분명히 한다.[40] 이것이 헬미니악이 생각하는 신성화(deification)다.

신과 인간을 연속적으로 생각하려는 동양 종교의 전통과 구별하려는 서양 종교의 전통은 각각의 옹호자들을 각기 잘 섬겼으나,[41] 다원성을 말하는 21세기 상황은 어떤 점에 대해서는 영적인 어떤 의견의 일치(a spiritual consensus)를 요구한다고 하면서 헬미니악은 소위 '지구적 공동체의 영성'에 대해 말하였다.[42] 그는 나름대로 심리학, 영성, 신학을 연관시켜서 논리적으로 정합성 있고 포괄적인 자기 나름의 영성에 대한 이해를 제시했다. 그는 모든 문화의 핵심에 있는 영성적 핵심(the human core of spirituality)이 학제적인 과학적 프로젝트의 린치핀(the lynchpin of the overall interdisciplinary, scientific project)이 된다고 생각한다. 그는 자신의 영성 신학이 "자연의 토대"로서, 이 토대 위에서 은혜가 완성된다고 생각한다.

<성경이 말하는 동성애> What the Bible really says about homosexuality?는 1994년에 처음 나왔고, 2000년에 다시 출간되었다.

이 책은 동성애 문제에 대한 성경의 본문을 당시의 역사적 사회적 정황에 부합하게 해석하자는 주장을 담고 있다.[43] 그는 이 주장이 매우 지나치다는 비판이 일자 자신이 말하고자 한 것은 성경이 동성애를 정죄하지 않고 있다는 것과 대부분의 고대 사회가 그리했던 것처럼 성경은 동성 간의 성적인 관계에 대해서 별 관심이 없다는 뜻이라고 말하면서 한 발 후퇴했다. "여자와 동침하는 것 같이 남자와 동침하지 말라"는 레위기 18:22의 금령도 항문 성교만을 금할 뿐, 동성 간의 다른 성적인 행위는 허용하는 것이라고 하며, 금해진 것도 고대 유대교의 정결 예식과 관련된 것이므로 우리와는 상관없는 것이라고 한다.

또한 로마서 1:26-27의 말씀도 레위기의 말을 언급하는 것일 뿐, 옛 율법의 정결 예식 요구를 다 버리게 하신 예수님을 생각하면 그리스도인에게는 전혀 해당되지 않는 것이라고 한다. 그러면서 자신의 주장의 성경적 근거로서 "그 어떤 것도 그 자체로 더러운 것은 없다"는 로마서 14:14의 말씀을 제시한다. 로마서 1:26의 "부자연스러운"이라는 말씀도 "파라 푸쉬킨"이라는 전문적 스토아적 용어를 바울이 통속적으로 사용했음을 제대로 간파하지 못해 생긴 편견이라고 하면서, 이 말은 전혀 윤리적 함의를 지니지 않고 "일반적이지 않은"(a typical, non-standard)이라는 뜻으로 사용된 것이므로 이 말에 근거해서 동성애를 정죄하는 것은 잘못이라고 주장한다.

III. 퀴어 신학의 논증과 정통 기독교의 논증

퀴어 신학은 비교적 최근에 나타난 신학적 논의로서 자유주의적이고, 극단적으로 여성신학적이고, 포스트모던적이고, 해체주의적인 신학 활동이다. 퀴어 신학은 정통적 기독교의 주장이나 신학과는 대립적인 입장에서 신학하는 작업이다. 퀴어 신학의 입장에서 볼 때 기존의 신학은 "백인적이고, 남성적이며, 유럽적이고, 이성애적인 신학"이다.[44] 전통적 신학이 이런 편견 속에 있기 때문에 미래의 신학은 상황적이어야 하며, 성적인 성향에 대해서도 상황화된 논의를 해야만 한다. 특히 '퀴어인'(queer people)의 경험에 비추어서 전통적 기독교를 재검토(re-examine)하고 재편성(reframe) 해야 한다. 기독교의 잠정성(provisionality)을 인정할 때가 되었다. 퀴어 신학은 '퀴어인들'의 다름과 이상함이 "좋은 것"이라는 것을 전제하고, 전통적으로 "정상적"이라고 하던 것과 "건강한 것"이라고 하던 것을 극복하고 넘어서며, 결국 전통적 기독교 자체를 극복해 갈 수 있어야 한다. 하나님께서 규정하신 자연적인 형태로서의 가정(family)이라는 것은 존재하지 않는다.[45] 결국 퀴어 신학은 정통적 기독교 밖에 있는 신학인 동시에 정통적 기독교를 근본적으로 뒤흔들어 새롭게 하려는 신학적 시도다.

퀴어 이론가들은 '포스트모던'이라는 용어를 정의할 수 없는 것처럼, '퀴어'라는 것이 정의될 수 있는 것이 아니라고 생각한다. 그들은 '퀴어적인' 것은 "그 정체성을 규정할 수 없는 것이고, 그것은 계속 어떤 것을 부정하고 불편하게 하는 것"이라고 한다.⁴⁶ 그러므로 퀴어 신학은 항상 성경에 근거해서 자신을 명확히 하려는 정통적 기독교와 입장을 같이 할 수 있는 신학이 아니다. 퀴어 신학은 성경에 대해서, 심지어 하나님께 대해서도 상대적 입장을 취할 때만 허용될 수 있는 논의다.

성경이 말하는 것이 절대적인 하나님의 말씀이라는 정통주의 입장에서 볼 때 퀴어 신학은 바른 기독교 신학이라고 할 수 없다. 오직 성경을 상대적으로 여기는 입장을 가지는 사람들 가운데서는 이것도 있을 수 있는 신학적 논의가 될 수 있을 것이다. 따라서 퀴어 신학을 인정하느냐 하지 않느냐 하는 것은 결국 성경의 절대성을 인정하느냐의 문제다. 성경을 절대적인 하나님의 말씀으로 여기는 정통 신학의 입장에서는 퀴어 신학은 바른 신학적 주장이라고 할 수 없다.

1. 절대적 하나님 대(對) 퀴어 하나님

퀴어 신학이 말하는 하나님에 대한 이해도 정통신학이 말하는 하나님 이해와 상당히 다르다. 퀴어 신학자들은 오랜 신비주의 전통을 언급하면서, "인간이 사용하는 은유는 하나님이 어떤 분이신지를 정확히 표현하기에 적절하지 않으므로 그 누구도 하나님에 대해서 최종적인 말을 할 수 없다"고 말하기를 좋아한다.[47] 즉 그 누구도 하나님을 정확히 알 수 없다고 말하려는 것이다. 그런데 이렇게 말하고나서 '퀴어 신학'은 결국 '퀴어 하나님'(queer God)을 요구한다.[48] 그것은 하나님을 해방시키는 것이라고 하며, 현상 유지(status quo)의 신학자들의 "닫힌 곳에서 나오실"(come out) 필요가 있는 하나님이라고 한다.[49] 퀴어 신학자들도 때로는 삼위일체를 언급하기도 한다.[50] 그런데 삼위일체의 의미가 정통신학의 의미와는 상당히 다르다. 심지어 어떤 퀴어 신학자는 삼위일체는 "세 사람이 동성애적 관계를 하는 것"(gay, sexual threesome)을 뜻한다고까지 주장한다.[51] 어떤 퀴어 신학자는 신비주의 전통에 천착하면서 우리의 궁극적 목표가 신이 되는 것이라고까지 말한다.[52] 이처럼 정통신학이 그들의 신학과 신앙과 삶으로 섬기고자 하는 삼위일체 하나님과 퀴어 신학이 말하는 하나님은 같은 하나님이 아니다. 이것은 전적으로 이것이냐 저것이냐(either/or)의 문제다. 정통신학과 퀴어 신학은 서로 다른 하나님에 대해서 말하는 것이다.

2. 인간과 죄에 대한 이해의 대립

정통신학의 인간 이해와 퀴어 신학의 인간 이해도 다르다. 정통신학에서는 하나님의 형상으로 지어진 사람이 자신들의 죄로 그 형상을 일그러뜨렸고 동성애도 그런 죄의 하나라고 보는 데 비해서, 퀴어 신학에서는 동성애가 죄가 아니고 정당한 사랑의 표현의 하나라고 주장한다. 퀴어 신학은 오히려 이성애가 정상적이라고 하는 것이 변태적인 주장이고 이데올로기적 질서이므로 이를 과감히 벗어나려는 시도를 해야 한다고 주장한다.[53]

퀴어 신학은 자신의 논증을 뒷받침하기 위해 하나님께서 창조하신 이 세상에 '양성을 다 가진 사람들'(intersex people)도 있다는 주장을 끌어온다. 퀴어 신학은 이 주장을 바탕으로 "인간의 성은 심지어 생물학적인 수준에서도 단순하거나 그저 두 가지로 있는 것이 아니라"고 말한다.[54]

퀴어 신학에서는 정통신학과는 다른 의미에서 인간의 몸을 강조한다. 몸을 떠나서는 영혼이 존재하지 않는다.[55] 인간도 동물이다.[56] 이처럼 독특한 방식으로 몸을 강조하는 퀴어 신학에서는 성 관계를 포함하여 인간의 몸으로 하는 상당히 많은 것을 성례전적인 것으로 제시하기도 한다.[57] 몸으로 하는 이와 같은 경험의 장이 하나의 "영적인 실천"(a spiritual exercise)이며,[58] 바로 신적 계시의 장이다.[59] "성적인 사랑, 에로틱한 사랑이 결국은 우리를 넘어서 타인을 참으로 끌어안는 것이 되며, 에로티시즘에서도 하나님을 만날 수 있다."[60] 그리고 그 성적인 사랑에 동성애적인 것이 아무 차별 없이 다 포함된다는 것이다.

정통신학에서는 예수 그리스도의 십자가 구속이 동성애를 비롯한 죄로부터 우리를 구원하신 것이기에 예수님의 십자가 구속을 참으로 믿으면 동성애를 비롯한 죄에 대한 형벌에서 주께서 자유하게 하셨을 뿐만 아니라, 그 죄의 권세에서 우리를 원칙적으로 자유롭게 하셨고(확정적 성화 또는 단정적 성화, definitive sanctification), 또한 계속해서 자유롭게 하여 가시기에(점진적 성화, progressive sanctification), 주님의 구속 사역에 근거해서 동성애를 비롯한 죄의 권세로부터도 해방될 수 있음을 주장한다. 그러나 퀴어 신학은 동성애가 죄가 아니라고 하며, 그로부터 벗어날 필요가 없다고 하고, 예수님의 십자가나 성령님의 능력이 이로부터 인간을 자유롭게 할 필요도 없고, 동성애자로 태어난 사람들은 동성애를 통하여 자신들의 사랑을 표현해야 한다고 주장하니, 이런 주장은 정통적 기독교의 인간 이해 및 죄 이해와 상당히 대립적인 것이다.

3. 정통적 그리스도 대(對) 퀴어 그리스도

예수 그리스도에 대한 이해도 상당히 다르다. 정통신학에서는 온전한 신성과 인성이 한 인격 안에 있는 분이 예수 그리스도라고 고백하며, 성경의 가르침에 충실한 니케아 신조(325)와 칼케돈 정의(451)를 따라서, 예수님은 가장 온전한 신성을 지닌 분이시면서 가장 온전한 인성을 지니셨다고 믿는다. 따라서 정통신학은 예수님께서는 죄와 상관된 것이 조금도 없고, 죄를 전혀 범치 않으셨고, 인간의 구속을 이루시고, 구속된 사람들이 살아갈 바른 길을 제시하셨다고 믿는다.

그러나 퀴어 신학에 따르면, 예수님 자신이 동성애적 성향을 지닌 분이시고,[61] 인간의 모든 욕망을 다 받아들이시는 분이므로 동성애적 성향을 정죄하지 않으실 뿐만 아니라 동성애를 포함한 모든 것을 다 포용하는 것이 예수님의 뜻에 따르는 것이다. 그러므로 전통적인 사람들로부터 예수님을 구해 내야 한다.[62] 예수는 참으로 "퀴어 그리스도"다.[63] 쳉은 성육신과 자신의 정체성을 연관시킨다. "나의 퀴어성(queerness)은 성육신의 선함의 확언이다.64 즉, 성육신하신 말씀은 나의 퀴어성에서 확언된다." 또한 그는 부활절과 관련해서 다음 같이 주장하기도 했다. "부활절은 퀴어 성적인 해방(queer sexual liberation)의 소망이 된다. 성적 해방을 위한 퀴어 신학의 투쟁은 승리할 것이다. 이것이 부활절의 약속이다 … 부활절에 하나님께서는 예수를 우리들과 연대한 퀴어(queer)가 되게 하셨다. 다른 말로 하자면, 예수께서 '닫힌 곳으로부터 나오셔서'(comes out of the closet) 퀴어 그리스도(queer Christ)가 되신 것이다."65

이처럼 정통신학과 퀴어 신학의 하나님의 뜻과 예수님의 뜻에 대한 이해는 그야말로 대척(對蹠)적으로 다르다. 그러므로 다음 같은 알 에이 가논(R. A. Gagnon)의 주장은 매우 정확한 것이라고 할 수 있다. "예수님을 동성애적 관습에 대해서 개방적인 1세기 팔레스타인의 유대인으로 묘사하는 것은 아주 비역사적인 것이다. 모든 증거는 그 반대 방향을 지시하고 있기 때문이다."66

4. 동성애를 극복하는 구원 대(對) 동성애를 포용하며 조장하는 구원

구원에 대한 이해도 매우 다르다. 정통신학에서는 십자가에서 이루신 예수님의 구속을 통해서 하나님께서는 동성애를 비롯한 모든 죄에 대한 형벌에서 벗어나게 해 주셨을 뿐 아니라, 그 모든 죄의 권세로부터도 원칙적으로 해방하셨고 점차 이일을 이루어 가시니 예수님을 믿는 사람들이 성령님의 능력으로 성화되는 것 안에 동성애적 정황에서 벗어나는 것도 포함되어 있고, 그리하여 이 세상에서 항상 하나님 앞에서(Coram Deo) 삼위일체 하나님과 깊이 교제하며 사는 삶이 가능하고 그런 삶이 구속 받은 자들의 지상 생활이라고 믿는다. 그러나 퀴어 신학은 인간은 동성애라는 죄악의 세력으로부터 구원받을 필요가 없다고 주장하면서 오히려 동성애는 인간이 정당히 누릴 성적 행동 방식의 하나라고 주장한다. 정통신학이 말하는 구원 받은 삶은 동성애를 극복하고 배제하는 삶인데 비해서, 퀴어 신학이 말하는 구원 받은 삶은 동성애를 포용하며 조장하는 삶이다. 쳉의 주장을 따르면서, 메트로폴리탄 커뮤니티 교단에서는 신성과 인성의 하이브리드 그리스도께서 우리들로 하여금 특정한 정체성 하나만 선택하게 하시지 않고 동시에 두 가지 정체성을 다 가지게 허용하신다고 주장한다. 이를 테면, LGBTQ 사람으로서의 정체성을 가지면서 동시에 역사적으로 아주 다른 정체성인 그리스도인의 정체성도 가지게 하신다는 것이다.[67] 여기서도 정통신학과 퀴어 신학이 아주 대척(對蹠)적인 것임이 잘 드러난다.

5. 동성애 등의 죄와 싸우는 전투적 교회 대(對) 동성애를 포용하는 교회

교회 공동체에 대한 이해도 상당히 대척적이다. 정통신학은 이전에 동성애를 비롯한 여러 죄를 행하는 자들이 이제 예수님을 믿고 교회 공동체에 속하여, 자신들이 그들이 이전에 행하던 그 모든 것이 죄임을 명백하게 인정하고 끊임없이 동성애를 비롯한 그 모든 죄와 싸워 나가는 교회(church militant)임을 고백한다. 이 땅에서는 승리한 교회(Church triumph)가 아직 아니기 때문에 아직도 부족하고 문제가 많지만 그래도

끝까지 죄와 싸워 나가는 교회라고 인정한다.

그러나 퀴어 신학은 동성애를 전혀 죄가 아니라고 여기기에 동성애와 싸울 필요가 없으며, 오히려 성례전적으로 인정해 줄 수 있다고 한다. 이제 중요한 것은 성적으로 다른 성향을 가진 사람들을 거부하고 해치던 공동체가 어떻게 그들을 다 포용하게 되는가 하는 것이다. 공동체가 성적으로 다른 성향을 가진 사람을 포용할 때 진정으로 "치유하는 공동체"(communities of healing)가 된다.[68] 성적 지향이 다른 사람들을 배제하는 교회는 교회라는 이름을 듣기에 합당치 않다.[69] 성적 성향이 어떠하든지 교회 공동체는 그들이 예수님을 믿는다고 고백하면 세례를 주어야 한다. 세례를 받은 사람들은 그가 어떤 성적 정체성을 가졌든지 전혀 문제가 안 되고, 세례로 그가 타고 난 성이 상대화된다.[70] 이렇게 세례 받은 사람들은 모두 다 온전한 회원으로 인정되어야 한다. 중요한 것은 '교회적 자아'이지 우리가 과연 어떤 성을 갖고 태어났느냐 하는 것이 아니다. "두 세 사람이 모인 곳에 내가 그들 중에 함께 있다"(마 18:20)는 말씀에 따라서 두 사람이 서로를 모르고 익명적으로 동성애적 관계를 가질 때에도 그리스도께서 그들 중에 계신다.[71]

성공회 신학자인 엘리자베트 스튜어트(Elizabeth Stuart)는 커플이 관계를 가질 때 교회의 마크를 드러내야 한다고까지 주장한다. 어떤 커플이든지 연합하여 하나 됨을 드러내고, 그 둘이 순전한 은혜와 넘치는 내어 줌이라는 신적 실재를 나타내야만 한다는 점에서 거룩하고, 전체 교회의 프로젝트 안에 있어야 한다는 점에서 보편적이고, 자신들의 관계가 그저 사적인 관계(private affairs)가 아니고 전통의 권위 아래 있으며

계속해서 그것을 위협할 수 있는 공동체 안에서 자신들의 관계를 생각한다는 점에서 사도적이다.[72]

제랄드 로흘린(Gerard Loughlin)은 에베소서 1:4-6에서 성을 뒤집어 패러디하고 있는 현상(the subversive parodying of gender)이 나타나고 있다고 주장한다. 즉, 남성인 그리스도가 여성적인 몸인 교회를 가지고 있다고 표현되고 있다는 것이다. 그리스도의 몸의 지체들인 교회(여성)가 세상에서 그를(남성인 그리스도를) 드러내도록 부름을 받았으니, 그들은 남성성의 상징(the symbolics of masculinity) 안에 사로잡혀 있는 것이고 남성들도 교회의 한 부분인 점에서 여성성의 상징(the symbolics of femininity)에 사로 잡혀 있다는 것이다.[73] 그러므로 여기에 성을 뒤집어 패러디하는 일이 나타나고 있다는 것이다. 그러나 이는 교회가 여성인 "에클레시아"로 표현된 것을 자의적으로 해석한 것이다. 스튜어트나 로흘린 모두 전통적인 용어를 상당히 다른 영역에 적용하면서 그 의미를 뒤틀고 있다.

6. 명확한 성경적 종말론 대(對) 미래적 성적인 종말론(Sexchatology)

'세상 끝'에 대한 이해도 다르다. 정통신학에서는 예수님께서 재림하셔서 이루시는, "극치에 이른 하나님 나라"에서는[74] 동성애를 비롯한 인간의 모든 죄악이 참으로 다 일소되고 인간들이 그야말로 하나님의 뜻을 온전히 이루는 놀라운 문화적 활동을 하게 된다고 믿는다. 그런데 퀴어 신학은 이 소망과 믿음이 있는지 자체가 의심스러울 정도로 구원의 종국 문제에 별 관심을 나타내지 않는다. 퀴어 신학은 "[결국] 이 세상이 다는 아니라는 데에 희망이 있다. 그러므로 새로움과 변혁의 여지가 있다는 것은 참된 가능성이다"는 위르겐 몰트만(Jürgen Moltmann)의 진술을 벗어나지 못한다.[75] 동성애는 죄가 아니므로 극복될 필요조차 없다는 것이다. 성 문제와 종말론을 연결시켜서 "sexchatology"라는 용어를 만들어 사용하는 콘월은 "우리가 성이나 성별 등의 문제를 이해하는 방식, 그리고 우리가 성적 관계에서 활동하는 방식은 소외보다는 조화에 의해서 특징지어지는 더 정의로운 미래의 가능성을 고려하고 그것에 의해 채색되어야만 한다"고 주장한다.[76]

나가는 말

　신학적 논의의 모든 점에서 정통신학과 퀴어 신학은 대척적이다. 그러므로 퀴어 신학은 정당한 기독교 신학으로 볼 수 없다. 퀴어 신학은 정통신학을 수정하고 극복해야 할 신학적 표현으로 본다. 정통신학과 퀴어 신학은 양립할 수 없다. 우리에게 주어진 마지막 질문은 우리가 정통신학을 주장하는 정통 기독교인가 아닌가(to be orthodox Christianity or not)의 문제다. 성경이 증언하는 삼위일체 하나님께서 이 문제에 대하여 과연 어떻게 생각하실 지를 깊이 생각해 보라.

QUEER THEOLOGY

퀴어 신학의
왜곡된 성경해석

곽 혜 원

들어가는 말

　인류문명은 '68혁명'을 분기점으로 그 이전과 그 이후로 양분될 만큼 문명사적으로 대전환을 겪었다. 68혁명은 서구의 사상과 사고방식, 더 나아가 세계정신을 파행적으로 전복시킨 문화혁명으로서 그 폐해와 악영향이 매우 심각하다. 200여 년 간 진행되어 온 성윤리 해체-가정 해체-기독교 해체의 음습한 문명사적 흐름이 한데 얽히고 설켜 역사의 한순간에 바로 68혁명을 통해 2차 성혁명으로 발화한 것이다. 68혁명을 피상적으로 아는 사람들은 이를 미화하기도 하지만, 실상 68혁명은 그동안 금지되었던 모든 행위(특히 성행위)에 있어서 자유와 해방을 부르짖는 성혁명이었다.[78] 1차 성혁명이 일어났던 1789년 프랑스 혁명에 이어 2차 성혁명의 단초가 된 68혁명은 빛나는 종교개혁의 유산을 통해 탄생한 프로테스탄티즘(protestantism)에 전적으로 반기를 듦으로써, 서구 기독교 문명의 지지기반을 파괴하는 거센 시대조류를 만들어냈다.

특히 주목할 것은, 동성애 옹호세력이 68혁명을 결정적 분기점으로 동성애 및 동성혼 합법화를 위해 전 방위적으로 강력한 투쟁 전선을 구축한 일이다. 이 과정에서 매우 우려스러운 기념비적 사건은, 68혁명 이듬해인 1969년 6월 28일 뉴욕에서 동성애자와 경찰 간에 격렬한 몸싸움이 벌어졌던 '스톤월 폭동'(Stonewall Riot)과 그 이후 50여 년 동안 동성애 및 동성혼 합법화를 위해 집요한 정치투쟁으로 점철된 역사다. 스톤월 폭동을 계기로 정치의식을 갖게 된 동성애 옹호세력은 주류 정치권에 진입함으로써, '게이해방전선'(Gay Liberation Front: GLF)을 결성하여 동성혼 합법화를 위해 수단과 방법을 가리지 않고 폭력도 불사하였다. 또한 스톤월 폭동일을 기념하여 1970년부터 시작된 게이 퍼레이드(Gay Parade)가 2년 후엔 미국 전역으로 확대되었는데, 마침내 전 세계적으로 구축된 동성애자혁명동맹 등과 결탁하여 글로벌 퀴어 축제로 발전하였다.

동성혼 합법화를 위한 정치투쟁은 전방위적으로 진행되었는데, 특히 의학적·법률적·신학적 측면에서 필사적으로 감행되었다. 먼저 의학적으로 동성애가 치료를 요하는 정신질환이라는 치욕스러운 불명예에서 벗어나기 위한 투쟁이 강행되었다. 일찍이 동성애는 정신의학의 대가 지그문트 프로이트(S. Freud), 칼 융(C. G. Jung), 알프레드 아들러(A. Adler) 등의 영향 아래 심리적 성 정체성 장애(sexual identity disorder)로 인식되었다. 그러나 동성애 옹호세력은 3년 동안(1970-1973) 미국정신의학회(이하 APA)에 소속된 정신과 의사들에게 폭력행위와 살해위협을 가함으로써[79] <정신장애진단통계편람 III>(DSM-III)에서 동성애를 삭제하는 목표를 달성하였다. 역사는 이 사건을 "과학이 사회적 이슈에 굴복당한 정치적 사건"으로 평가하고 있다. APA의 불의한 결정을 분기점으로 각종 학회들이 동성애를 비(非)질병화했고,[80] 마침내 1990년 세계보건기구(WHO)가 동성애를 '자연적 변이'로 인정했다. 이것은 동성애에 대한 인류 역사의 판세를 역전시킴으로써, 인류 문명사에 거대한 영적·사상적 흑역사가 개막되었음을 의미한다.

또한 동성애 옹호세력은 법률적으로 동성혼이 또 다른 종류의 정당한 결혼 형태로 공인받기 위해 차별금지법 및 평등법 ⇨ 생활동반자법 ⇨ 시민결합법(생활 동반자법과 동일하게 동거인에게도 부부와 동일한 혜택을 주는 법)의 수순을 거치면서 끈질기게 투쟁한 결과, 급기야 2015년 6월 26일 청교도 정신으로 건국한 미국은 동성혼을 합헌으로 판결하였다. 정치인들은 정치적 결정을 내리기 전에 먼저 종교인들의 반응을 살폈는데, 심각한 문제는 마땅히 하나님의 진리를 지켜야 할 교회의 방파제가 붕괴된 일이다. 주지하듯이, 미국 최대 개신교단 장로교회인 PCUSA는 2014년 디트로이트 총회(221차)에서 결혼의 정의를 "한 남성과 한 여성의 결합"에서 "두 사람의 결합"으로 수정하기로 결의한 후, 2015년 3월 동성혼을 인정하는 법안을 승인하였다. 참고로 1828년 노어 웹스터(Noah Webster) 사전은 결혼을 "한 남자와 한 여자의 평생의 법적 결합"이라고 규정했지만, 2014년 메리엄(Merriam) 웹스터 사전은 "한 남편과 아내 사이에 존재하는 관계: 동성인 사람들 사이의 유사한 관계: 두 사람이 서로 결혼하는 의식"이라고 결혼을 재정의하였다.[81]

그렇다면 왜 결혼에 대한 정의를 함부로 변경해서는 안 되는가? 모든 인류가 생명을 빚지는 존재인 '어머니'와 '아버지'라는 숭고한 단어마저 성차별적 고정관념을 고착화시킨다는 명목으로 서구세계에서 모욕당하고 있는데,[82] 이는 어떤 문제를 야기하는가? 결혼과 가정, 어머니와 아버지, 아내와 남편 같은 기본 용어가 재정의되면, 본래의 의미와 목적마저 변질될 수 있다. 결혼 및 가정을 훼손하면, 개인과 사회, 국가와 문명은 엄청난 대가를 치루게 된다. 그러므로 사회학자들은 한 문화의 장기적 안정성을 위해 결혼 및 가정의 중요성을 강조했는데, 대표적으로 로버트 나이트(R. Knight)는 결혼의 중요성에 대해 이렇게 주장한 바 있다. "결혼은 너무나 중요한 것이기에 법률과 문화에서 특별한 지위가 주어졌다. 결혼은 법률과 헌법보다 앞선 것이며, 인류 사회학적인 실재로서 단순히 법률적인 것이 아니다. 결혼이 없이는 어떤 문명도 생존할 수 없고, 결혼을 부적절하게 되도록 허용하는 사회는 역사에서 쇠퇴하였다."[83]

그러나 무엇보다도 동성애 옹호진영이 강력한 공격 대상으로 삼은 상대는 다름 아닌 기독교 정통신학이다. 그 이유는 2천여 년 동안 동성애를 죄로 규정해왔던 정통신학을 공격하지 않고는, 특히 게이와 레즈비언의 섹스를 단죄한다고 여겨지는 성경을 재해석하지 않고는 동성애 및 동성혼의 궁극적 정당화가 불가능하다고 판단했기 때문이다. 이에 그들은 동성애를 도덕적으로 비판하고 있음이 분명한 성경 구절들을 자의적으로 재해석함으로써, 동성애를 신학적으로 정당화하려고 집요하게 시도했다. 결국 정통신학의 근간을 교란하고 친(親)동성애적 신학 체계를 구축하는 작업이 착수되었는데, 이것이 바로 '퀴어 신학'(queer theology)이라는, 사실상 신학이라 명명할 수 없는 기괴하고 파행적인 시도인 것이다. 목회자의 타락보다 더 치명적인 것은 특히 신학자의 타락이기 때문에 퀴어 신학을 주창한 이들은 기독교의 타락을 위한 최상의 전략 중 하나가 신학의 타락, 신학자의 부패라는 사실을 간파했을 것이다. 현재 퀴어 신학은 암암리에 확산일로에 있는데, 특히 서유럽과 북미의 교계와 신학계는 이로 말미암아 기독교의 정체성을 상실해가는 중대한 기로에 놓여 있다.

I. 퀴어 신학 개관

1. 퀴어 신학의 정의

'퀴어 신학'(queer theology)은 '낯설고 이상함'을 뜻하는 '퀴어'(queer)를 전면에 내세움으로써 정통신학에서 낯설고 이상한 것, 괴기하고 비정상적인 것으로 배제되었던 테마를 신학의 중심에 내세우고 이를 억압에서 해방시키기 위한 신학적 근거를 마련하고자 한다.[84] 퀴어 신학은 정통신학의 주제들에 대한 재해석을 통해 원래 신학의 중심부가 지니고 있는 낯설고 이상한 것들을 찾아내어 정통신학의 중심부를 채우고자 한다. 낯설고 이상한 것은 동성애를 의미한다. 퀴어 신학은 생소하고 괴이한 대상으로 간주되어왔던 동성애를 신학적으로 정당화하고 비정상적인 동성혼을 정상화하는 데 종국적 목적이 있다. 즉 퀴어 신학의 시도는 동성애를 정당화하는 새로운 신학 체계를 수립하는 데 소기의 목적이 있다고 볼 수 있다.

퀴어 신학자들은 '퀴어'를 신학과 관련하여 사용할 때 정통 기독교가 모순에 빠져 있다는 비판을 전제한다. 이들에 따르면, 정통 기독교의 중요한 신학적 주제들은 모두 평범한 상식을 가진 사람들의 눈으로 볼 때 낯설고 이상한 것들이므로 낯설고 이상한 것들이 신학의 중심을 차지해야 한다. 그러면서 퀴어 신학자들은 정통 기독교가 '자신들의 관점과 다른 관점을 가진 자들을 정상이 아닐 뿐만 아니라, 기괴하고 비정상적인 것이라고 정죄하면서 낯설고 이상한 것들을 신학의 중심부로부터 변두리로 내쫓아버렸다고 비판한다.[85] 여기서 그들은 정통신학이 동성애를 낯설고 이상한 것으로 모독하고 억압해왔지만, 실상은 기독교 신학 자체가 낯설고 이상한 것이기 때문에 낯설고 이상한 동성애는 기독교 신학의 본질을 바르게 파악하고 있는 것이요, 따라서 동성애는 신학의 중심부를 구성해야 하고 동성애에 대한 모독과 억압은 중지되어야 한다는 납득하기 힘든 논리를 전개한다.

한편 퀴어 신학은 신학적 정체성의 문제를 확실하게 정의하지 않고 유동적 상태로 두는데, 그 근거를 정통신학의 삼위일체론이 주장하는 '본질이 없는 정체성'에서 찾는다. 그러면서 퀴어 신학은 "우리는 하나님이 어떤 분이신지 모른다. 다만 하나님이 아닌 것이 무엇인지를 알 뿐이다"라는 토마스 아퀴나스(Thomas Aquinas)의 명제로부터 "하나님은 확실히 존재하지만 그 본질이 무엇인가는 알려지지 않는다"[86]라는 뜻을 읽어낸 후 이 뜻에 담긴 틀을 동성애에 적용한다. 이를 통해 퀴어 신학은 이성애가 본질이 확고하고 명료하게 알려져 있기 때문에 삼위일체 하나님의 정체성에 맞지 않을 뿐만 아니라, 신학의 중심적 특징인 '낯설고 이상한 것'에 속하지 않는다고 주장한다.[87] 이에 반해 본질이 불확실한 동성애는 삼위일체 하나님의 정체성에 맞을 뿐만 아니라, '낯설고 이상한 것'에 속함으로 신학의 중심적 특징에도 부합한다고 강변한다.[88]

퀴어 신학에 대한 정의를 살펴보면서 우리는 퀴어 신학이 전개하는 논리가 얼핏 보기에는 현란해 보이지만, 내용을 깊이 파고 들어가면 매우 이상하고 비논리적인 궤변으로 마무리되는 점을 발견하게 된다. 또한 퀴어 신학이 가리키는 낯설고 이상한 것이 명백히 동성애를 의미함에도 불구하고, 퀴어 신학자들이 이를 의도적으로 일반화시켜서 사용하려고 애쓰는 것은 동성애를 신학적으로 정당화함으로 보편적 타당성을 확보하기 위한 전략이라고 볼 수 있다. 한마디로 말해, 퀴어 신학은 동성애를 신학적으로 정당화함과 아울러 기본적으로 자유주의적이고, 매우 극단적으로 여성 신학적이며, 포스트모던적인 해체주의에 입각한 신학적 활동이라고 규정할 수 있다. 퀴어 신학은 신학이라 명명하기엔 너무 불경하고 부적절할 정도로 치명적인 문제점들을 내포하고 있다.

2. 퀴어 신학의 기원

'퀴어 신학'이라는 용어는 1990년대 이후 철학과 사회학에서 포스트모더니즘적 해체주의에 입각하여 논의된 '퀴어 이론'(queer theory) 또는 '퀴어 비판이론'(queer critical theory)을 신학이 차용해오는 과정에서 형성된 것으로 보인다.[89] 특히 프랑스 포스트모더니스트인 미셸 푸코(M. Foukault)를 따르는 주디스 버틀러(J. Butler), 리 에델만(L, Edelman), 이브 코스프스키 시즈윅(E. K. Sedgwick) 등의 퀴어 이론에 강력한 영향을 받으면서 동성애를 옹호하고 퀴어 여성주의적 입장을 성정체성 문제에 적용시켜 처음으로 '퀴어 이론'이라는 용어로 제시한 사람은 이탈리아 페미니스트이자 영화이론가인 테레사 드 로레티스(T. de Lauretis)다.[90] 로레티스는 1990년 캘리포니아 주립대학에서 열린 한 학회에서 '퀴어 이론'이라는 용어를 만들어 사용했는데, 이 학회에서 발표된 논문들을 *Differences: A Journal of Feminist Cultural Studies*라는 학회지의 특별호로 내면서 이 용어가 널리 쓰이기 시작하였다.

한편 영국 엑세스터(Exeter) 대학의 전임강사이자 여성 퀴어 신학자인 수잔나 콘월(S. Cornwall)에 의하면, 그 이전에 게이 신학, 레즈비언 신학으로 따로 사용되던 것이 1990년대 말부터 퀴어 신학이라는 이름으로 통합되어 사용되기에 이르렀다. 즉 1960년대부터 남성 동성애자들과 그들을 옹호하는 사람들이 신학계에서 자신들의 목소리를 내기 시작함으로써 이를 '게이 신학'이라고 부르는 일이 있었다. 80-90년대 들어와 여성 동성애자들과 그들을 옹호하는 이들이 동성애하는 남성과 동성애하는 여성의 경험이 다르다는 것을 주장하면서 게이 신학과 레즈비언 신학의 차이를 언급하게 되었다.[91] 레즈비언 신학을 주장하는 이들은 기존의 기독교가 지닌 가부장적 사고와 인종차별과 성차별, 이성애적 편향과 같은 배타적 신념 및 실천의 틀 자체를 완전히 뒤집어야 한다고 강조하였다. 그러면서 이제는 포스트모던적 사고에 충실하게 모든 것이 해체되어야 할 뿐만 아니라, 진정으로 해방하는 것이 되려면 끊임없이 새로운 것이 되어야 한다고 주장하기 시작하였다.

1960년대에 등장한 '퀴어'라는 용어는 의미적 변화과정을 겪어왔는데, 성소수자(LGBTQ⁺) 운동가들은 퀴어 라는 단어를 이성애를 반대하는 동성애라는 개념에 갇혀 버리는 것을 극복하기 위해 사용하고 있다. 한마디로 말해, 퀴어는 이성애가 아닌 모든 것을 의미한다. 퀴어 이론에 의하면, 이성애의 이중성과 동성애의 단일성은 성정체성의 완전한 해체를 위해 반드시 제거되어야 하는데, 왜냐하면 오직 그럴 때에만 비로소 강제적 이성애의 헤게모니가 완전히 극복되고 완전한 자유를 구가할 수 있기 때문이라는 것이다. 옥스퍼드 사전에 따르면, 퀴어라는 단어는 한때 동성애자를 의도적으로 모욕하고 공격하는 단어로 사용되었지만, 이제는 동성애자 혹은 게이를 대신하는 단어로 동성애자들 스스로가 사용하고 있다. 한때 부정적이던 단어가 대학에서 젠더 연구의 분파로서 퀴어 연구라는 이론적 학문에 사용되는 고상한 용어가 되었다는 것은 역설적이고 이해하기 힘든 일이기도 하다.

1990년대 이후 철학과 사회학에서 점점 더 많이 사용되던 퀴어 이론을 신학에 적용시켜 작업화한 것이 바로 퀴어 신학이라고 할 수 있다. 신학에 '퀴어'라는 말을 적용시켜 처음 사용한 것은, 1993년 게이·레즈비언 선언을 <행동화된 예수> *Jesus Acted Up* 라는 책으로 낸 로버트 고스(R. Goss)로 알려져 있다.[92] 그리고 퀴어 신학, 퀴어 종교 등의 용어는 1995년 '퀴어인'(queer people)이라는 용어와 함께 90년대 중반부터 사용되기 시작하였다. 퀴어 신학은 한때 게이 신학과 레즈비언 신학으로 분리되었으나, 추후 양대 신학은 합쳐져 좀 더 포괄적인 용어가 되었다. 최근에는 퀴어 신학과 함께 '레인보우 신학', '퀴어링 기독교'라는 말도 간혹 사용되고 있다.

II. 퀴어 신학의 왜곡된 성경해석

1. 데릭 셔윈 베일리

'퀴어 신학'이라는 용어가 본격적으로 등장하기 이전 선구적 주장을 했던 대표적 퀴어 신학자는 1955년 <동성애와 서구 기독교 전통> *Homosexuality and the Western Christian Tradition* 을 발표한 데릭 셔윈 베일리(D. S. Bailey, 1910-1984)다. 1962년 영국 웰스(Wells) 대성당의 캐논(canon)으로 사역했던 성공회 사제 베일리는 이 저서를 통해 친(親)동성애적 논의의 포문을 열음으로써, 동성애를 둘러싼 그동안의 역사적 과정을 재평가한 중요한 전환점을 마련했다는 인정을 받게 되었다. 특히 창세기 19장에 등장한 소돔 사람들의 죄가 동성애라는 전통적 해석에 근본적인 의문을 제기하면서, 손님에 대해 호의적으로 환대하지 않은 것이 중대한 문제라는 논의를 처음으로 시도하였다. 이러한 베일리의 시도는 향후 존 보스웰(John Bowell), 다니엘 헬미니악(Daniel Helminiak), 테오도르 제닝스(Theodore W. Jennings, Jr.)와 같은 퀴어 신학자들의 소돔 사건을 둘러싼 성경 주해에 결정적 영향을 끼침으로써, 하나님께서 성경을 통해 말씀하시려는 진의(眞意)를 왜곡시키는 사태의 물꼬를 열었다.

종전까지 정통신학은 소돔과 고모라의 멸망 이야기에서 동성 간 성행위에 대한 성경의 첫 견해를 발견했는데, 곧 하나님께서 동성애를 포함한 거주민들의 통탄할만한 죄악을 심판하셨다고 해석해왔다. 창세기 19장의 소돔 이야기와 유사하게 전개되는 사사기 19장의 레위인 첩 이야기도 동일하게 해석되어 왔다. 여기서 중요한 관건은 두 본문에 등장하는 히브리어 '야다'(yada)를 어떻게 해석하는가다. 일반적으로 '야다'는 '알다', '친분을 갖다'를 뜻하지만, 베일리도 밝혔듯이 구약성경에 등장하는 943회 중 10회의 사례에서는 임신의 결과를 수반하는 이성과의 성관계(대표적: 창 4:1, "아담이 그의 아내 하와와 동침하매(yada) 하와가 임신하여")를 의미한다.[93] 그러므로 교회사 전반에 걸쳐 성경 주석가들은 일반적으로 소돔과 레위인 첩 이야기를 동성 간 성폭력 사건을 나타내는 매우 부정적인 사례로 해석해왔다. 그런데 베일리는 이 전통적 해석을 부정하고 두 사건에서 너무나 명약관화한 '야다'의 의미를 성관계가 아닌 친교의 의미로 해석함으로써, 소돔 사건을 '이방인을 환대하지 않은 사건'으로 둔갑시켜버린 것이다.

이러한 베일리의 가설에는 심각한 오류가 있는데, 먼저 지적할 것은 롯이 "남자와 한 번도 동침하지 않은(yada)" 딸들을 내어주겠다고 제안하면서 소돔 남성들의 성적 욕구를 채워주려 한 일이다(창 19:8). 더욱이 레위인의 첩 이야기에서 집주인이 "자신의 처녀 딸들과 레위인의 첩"을 내어줄 것을 제안하면서 기브아 사람들의 통제 불능으로 보이는 성욕을 진정시키고자 대응했다는 사실이다(삿 19:24). 무엇보다 창세기 19:8과 사사기 19:25에 사용된 '야다'가 명백히 성관계를 의미함은 아무도(베일리조차도) 부인할 수 없는 사실이다. 그런데 베일리는 두 본문 안에서 바로 앞서 기술된 '야다'(창 19:5; 삿 19:22)를 전혀 다른 의미('친분을 갖다')로 무리하게 해석함으로써, 결과적으로 이치에 닿지 않는 억지 주장을 하게 된 것이다. 만약 기브아 사람들이 단지 '친분을 쌓으려는' 건전한 목적이었다면, 과연 집주인이 '처녀 딸들과 첩'을 내어준 무지막지한 용단까지 내렸을 것인지 문제제기하지 않을 수 없는 것이다. 그러므로 동성애에 열린 생각을 가진 학자들조차 베일리의 주해를 신뢰하지 않았는데, 대표적으로 성경학자 빅터 폴 퍼니쉬(V. P. Furnish)는 그 거주민들이 동성 강간을 의도했을 거라고 인정한 바 있다.[94]

베일리는 성관계를 배제하고 친분의 의미로 '야다'를 해석함으로써, 창 19장의 소돔 이야기가 동성 간 성행위가 연루된 사건이 아닌 이방인에 대한 환대의 의무를 다하지 않은 사건이라고 단언하였다. "소돔 거주민들의 죄악은 동성애가 아니었다. 그들의 죄는 집주인 롯이 손님을 환대할 의무를 다하지 못하도록 막은 것이었다."[95] 그러면서도 그는 '야다'가 지닌 성적인 의미를 완전히 배제할 수 없었기 때문에 이 사건을 남성 대 남성 항문 성폭행 사건으로 해석함으로써, 고대 세계의 관습, 곧 전쟁에 진 적군을 여성으로 대함으로 굴욕을 주는 모욕적 행위와 연관시키기도 했다.[96] 그런데 베일리는 소돔의 특별한 죄가 음란과 "다른 육체"를 따라가는 것이라고 기술한 유다서 7절 본문을 해석할 때는 창 19장과는 미묘하게 다른 톤의 가설을 제기하였다. 즉 유다서 본문을 주해하면서 하나님이 소돔 거주민을 심판하신 이유가 동성애 자체 때문이기 보다, 그들이 천사와 성관계를 갖고자 했기 때문이라는 것이다. 그러면서 베일리는 소돔의 죄 가운데 동성애적 측면은 순전히 부수적이고 중요하지 않다고 주장하기도 했는데, 이를 통해 소돔과 레위인 첩 이야기에서 동성애를 철저히 부정했던 자신의 해석에 오류가 있음을 자인했다고 볼 수 있다.

명백히 소돔 사건을 통해 하나님께서는 남성 대 남성 동성 사이의 성관계가 부적합하다는 사실을 드러내셨다고 볼 수 있다. 그렇다면 이것이 왜 하나님 보시기에 가증한 일인가? 그것은 베일리가 주장하듯이 단지 환대의 규정을 어겼기 때문만이 아니라, 특별히 매우 악한 방식으로 그 규정을 어겼기 때문이라고 말할 수 있다. 스탠리 그렌츠(S. J. Grenz)에 따르면, 소돔의 죄는 하나님의 선한 의도가 담겨있는 인간의 섹슈얼리티(sexuality)를 불의하게 대하는 수단으로 바꾼 데 있다. 즉 하나님이 고안하셨던 성적 방식 그대로가 아닌 정반대의 행동으로 바꾸어 표출한 데 있다. 그러므로 그렌츠는 소돔의 죄 중에서 동성애 측면은 순전히 부수적이고 중요하지 않다는 베일리의 주장은 결코 용납될 수 없다고 못 박으면서, 소돔 사건이 정죄한 죄가 폭력적인 동성 강간이라는 사실을 인정해야 한다고 역설한다.[97]

한편 베일리는 성경이 동성애를 '가증한'(toeba) 것으로 지칭한 사실과 레위기의 성결법이 기록되었던 당시 우상숭배의 조짐을 우려했던 정황 사이에 일말의 연관성이 있다면서, 가증한 것이란 거짓 신들을 가리키는 우상숭배와 밀접한 관련이 있다고 주장하였다.[98] 베일리의 영향으로 동성애가 하나님이 정한 섹슈얼리티에 해당하지 않는다는 전통적 견해가 힘을 잃어가는 상황 속에서, 레위기 18:22와 20:13 본문이 다른 방식으로 해석되는 경향이 있다. 즉 레위기 본문은 하나님이 우상숭배와 관련된 동성애에 제한하여 이스라엘에게 주신 경고이며 또한 제의적 의미를 지닌 것이기 때문에 동성애를 비난하는 성경적 근거로 제시하는 것은 문제가 있다는 것이다. 또한 동성애를 금하는 레위기 성결법이 윤리규정이라기보다 하나님을 예배하기에 합당한 사람을 만들기 위한 제의적 목적으로 제정된 것이기 때문에, 동성애는 본질적으로 악한 범죄가 아니라 제의적으로 부정한 행위라는 해석도 제기되고 있다.

그렌츠는 동성애를 우상숭배의 한 형식으로 보는 해석은 레위기 성결법에 함께 나열된 사례, 곧 정액 배출(15:16-18), 월경 중 성관계(15:19-30) 등이 동성 간 성관계와 동일하게 사형에 해당하는 죄악으로 정죄되지 않았다는 성경의 기록에 비추어 볼 때 부적절하다고 말한다.[99] 단언하면, 구약에서 동성애 관련 형벌이 사형으로 구형(신약에서는 영적 죽음인 출교)될 만큼 엄중했다는 것은 이 범죄의 위중함을 시사한다. 그러므로 우리는 동성 간 성행위에 사형까지 구형한 율법이 과연 무슨 의도로 만들어졌는지 그 깊은 동기를 탐구할 필요가 있다. 동성애에 열린 자세를 견지했던 대럴 랜스(H. D. Lance) 조차 레위기 18:22와 20:13이 실제로 요구하는 바는 너무나 분명해서 이스라엘인 간의 동성애 관계는 금지되었고 사형에 처해야 마땅했다고 강조한 바 있다.[100] 이처럼 동성애가 사형으로 구형되는 위중한 범죄임을 의식했는지, 베일리는 동성애 행위 이외에 성경 어느 곳에도 특정한 성행위를 반대하기 위해 이런 식으로 논하는 경우는 없다고 말하기도 했다.[101]

베일리는 '가증한' 것에 대해 논의하면서 이것이 거짓 신들을 섬기는 사람들의 예배 행위에서 더 나아가 사물의 질서에 역행하는 모든 것을 지칭할 수 있다고 주장하기도 했다. 그러면서 그는 레위기의 동성애에 '가증한'이란 용어가 적용된 것은, 동성애가 성적으로 자연스러운 행위에 역행하는 행동이며, 참된 질서의 심각한 역전인 우상숭배의 전형을 보여주기 때문이라는 논지를 펼쳤다. 여기서 베일리가 비록 우상숭배에 방점이 찍힌 견해라 하더라도 동성애와 창조 질서를 결부시킨 것은 고무적인데, 바로 이것이 동성애를 거부하는 성경의 중요한 동기를 설명해주기 때문이다. 즉 동성애는 남성과 여성에 관한 하나님의 창조 질서를 깨뜨리기 때문에, 그리고 또한 우상숭배와 동일하게 하나님의 완전성을 모독하는 행위이기 때문에 가증한 것이다.[102] 레위기 성결법과 함께 사도 바울이 동성 간 성행위를 비판(롬 1:26-27)한 것도, 동성애가 남자와 여자를 창조하신 창조주의 뜻, 성행위를 만드신 하나님의 의도와 정반대되기 때문이다.

2. 존 보스웰

베일리가 동성애 관련 저서를 출간한 후 25년간 기독교 신학자들은 동성애 주제에 대해 거의 거론하지 않았다. 그러다가 1980년 예일대 역사학 교수이자 게이였던 보스웰(1947-1994)이 <기독교, 사회적 관용, 동성애> *Christianity, Social Tolerance and Homosexuality*를 발표했다. 동성애자 가운데 최초이자 공개적으로 미국 아이비리그 대학에 종신교수로 임용된 보스웰은 게이와 레즈비언 연구에 가장 중요한 학자 중 한 사람으로 인정받음으로써, 이 책은 동성애자들에게 최고의 권위있는 저서로 알려져 있다. <기독교, 사회적 관용, 동성애>는 성경학자들의 혹독한 비판을 받았지만, 동성애에 관한 연구를 학문적 영역으로 끌어올리고 종교적 자유주의에 상당한 공헌을 한 것을 인정받아 'American Book Award for History'와 'Frederic G. Award'를 수상하였다.[103] 그러나 히브리어와 고전 헬라어를 비롯한 17개 언어를 구사했던 언어학자이자 역사학자요 명망 높은 교수였던 보스웰은 에이즈(AIDS)로 47세의 나이에 요절한 비운의 인물이기도 하다.

보스웰은 <기독교, 사회적 관용, 동성애>에서 동성애와 종교의 관계를 연구하면서 성경과 초대 기독교로부터 중세 기독교에 이르는 동성애의 방대한 역사를 매우 정교하게 고찰하였다. 이를 통해 동성애에 대한 정의와 다양성을 논한 후 고대 그리스와 로마 사회에서 실제로 동성애가 어떻게 평가되었는지, 중세 기독교가 동성애를 어떻게 이해했는지에 대해 심도있게 기술하였다. 그러면서 보스웰은 기독교가 동성애를 반대할 성경적 이유를 찾는 데 실패했으며, 오히려 이를 관용하는 입장을 중세까지 견지했다는 논지를 전개하였다. 그는 초대교회가 동성 커플을 허용했으며, 성경이 금지한 것은 오직 특정 형태의 착취적 동성애 행위(일례로 동성애적 매춘과 함께 미성년자와 동성 착취적 성관계)라고 주장하기도 했다. 보스웰이 주장한 요지는 크게 두 가지로 정리할 수 있는데, 초대교회나 중세교회는 동성애자들에게 적대적이지 않았고 오히려 이들을 용납했다는 것과 성경이 동성애를 혐오스러운 죄악이라고 비판하지 않았다는 것이다.

보스웰의 핵심적 논지에 대해 많은 비평가들이 반론을 제기했는데,[104] 여기서 필자는 동성애를 둘러싼 성경적 이해에 대한 보스웰의 퀴어 신학적 해석을 집중적으로 논하고자 한다. 먼저 그는 베일리의 주장을 전적으로 수용하여 창세기 19장의 소돔 기사가 구약에서 유일하게 동성애 관계를 지칭하는 것으로 언급된 경우에 해당된다고 말하였다. 하지만 그는 소돔의 죄가 동성애와 무관하며 이방인 손님을 환대하려는 의무를 다하지 못한 것이라고 단언하였다. 또한 본문에 기술된 '야다'는 성행위를 지칭하는 경우가 확률적으로 미미하다면서, 단지 이방인에 대해 알고 싶다는 뜻을 표현한 것이라고 주장하였다. 보스웰은 소돔의 죄악이 동성애라고 직접적으로 묘사한 성경구절은 하나도 없다면서 이렇게 결론을 내렸다. "이 사건에는 성과 관련된 어떤 종류의 사안도 없다. … 구약성경에 소돔과 그 운명을 언급하는 많은 구절들이 존재한다. … 소돔은 수십회에 걸쳐 악의 표상으로 사용되었지만, 소돔인들의 죄가 동성애로 지칭된 곳은 단 한군데도 없다."[105] 보스웰은 소돔의 죄악이 동성애가 아니라는 자신의 주장을 입증하기 위해 에스겔 16:48-49[106]를 근거로 들기도 했다.

그뿐만 아니라 보스웰은 레위기 18:22과 20:13이 동성애 행위를 금하는 구절이라고 인정하면서도, 이 본문이 이스라엘의 제사법을 다루는 성경 구절이므로 오늘날 그리스도인들에게는 더 이상 적용되지 않는다는 입장을 피력하였다. 즉 그는 레위기의 동성애 금지조항은 현대 그리스도인들에게 유효하지 않으며, 특히 이들이 동성애자들에 대해 갖는 반감을 설명하는 데 아무런 상관이 없다는 것이다. 그러면서 보스웰은 본문에 나오는 '가증한'이라는 단어는 우상숭배에 연루된 의식적 의미에서 불결한 것이지, 오늘날과 같은 동성애 행위를 의미하는 것이 아니라고 강조하였다. 그는 레위기가 이방인들로부터 유대인들을 구별하기 위해 제정된 법을 다루고 있음을 지적하면서, 동성애 금지조항 다음에 우상숭배와 관련된 성행위 금지조항이 주어져 있으며, 이 두 금지조항이 모두 '가증한'으로 지칭되었다고 주장하였다.

하지만 동성애를 대하는 성경의 입장은 일관되게 정상적 성행위로 인정하지 않는 것이다. 동성애에 대한 성경의 정죄는 확고부동하다. 그럼에도 불구하고 보스웰은 동성애를 다룬 성경의 대표적 본문들이 동성애와 무관하다는 입장을 내세웠다. 특히 그는 창세기 19장 본문이 원래 의도하는 바가 무엇인지 바르게 파악하지 못했다. 다시 말해서 그는 이 본문을 동성애 사건으로 해석한 정통신학의 견해를 무시하고 이방인에 대한 환대를 저버린 사건으로 해석한 것이다. 보스웰은 '야다'를 작위적으로 해석함으로써, 한 단어의 의미를 같은 본문 안에서 서로 상반되게 해석하는 오류를 범하였다. 그러나 '야다'가 창 19장에서 사용된 문맥을 주도면밀하게 살펴보면, 이 단어가 성적인 의미를 내포하고 있음이 너무나 명백하다. 7절에서 롯은 소돔인들에게 "이런 악을 행하지 말라"고 간곡히 요청했는데, 여기에 언급된 '악을 행하다'는 뜻을 지닌 '라아'는 '해를 끼치다,' '상처를 입히다'는 의미도 포함한다. 창세기 19:7과 사사기 19:23에 모두 '야다'와 '라아'가 함께 사용되었다는 것은 사실상 소돔인들과 기브아인들의 행위가 집단 성폭력이었음을 분명히 암시하는 것이다.[107]

더욱이 롯이 "남자와 한 번도 동침하지 않은" 딸들을 내어주겠다고 소돔 남성들에게 제안했음에도 그들이 거절했다는 사실은 소돔의 죄악이 남성 동성애 성행위를 포함한 성폭력이었다는 분명한 결론을 도출케 한다. 창세기 19장과 유사하게 사사기 19장에 나온 레위인의 첩 이야기에서도 '야다'와 '라아'가 함께 사용되었을 뿐만 아니라, 집 주인이 기브아 남자들에게 "이 같은 악행을 저지르지 말라 … 이런 망령된 일을 행하지 말라"(23절)고 간청하면서 "처녀 딸들과 자신의 첩"(24)을 내어줄 것을 제안한다. 그럼에도 불구하고 기브아인들은 "그 여자를 윤간하여 밤새도록 욕보인 뒤에 새벽에 동이 틀 때에야 놓아주었다"(25절). 두 본문에서 분명히 동일한 단어 '야다'가 성관계를 언급하는 데 사용되었고, '라아'가 강간 및 성폭행에 사용되었음은 너무나 명약관화한 사실이다. 그러므로 베일리의 추측을 적극적으로 수용한 보스웰이 '야다'의 의미를 성관계가 아닌 단순히 친교를 위한 앎으로 해석한 것은 납득이 되지 않는 억지 주장이라 아니할 수 없다.

보스웰은 소돔의 죄악이 동성애가 아니라고 주장하기 위해 에스겔 16:48-49를 근거로 들었는데, 이 본문이 소돔의 교만함, 풍족한 중에도 궁핍한 자를 돕지 아니함, 태평함을 지적한 것은 사실이다. 하지만 그는 50절("거만하여 가증한 일을 내 앞에서 행하였음이라")에 언급된 '가증함'에 대해선 이상하게 침묵한다. 에스겔 18:10-13에는 이들이 범한 8가지 죄악의 리스트가 등장하는데, 이 중 하나가 '가증함'(18:12)으로서 다른 7가지 죄악을 총칭하는 것이 아닌 또 다른 죄악을 나타낸다. 에스겔 18장에 나타난 '가증함'의 용례를 16장에도 적용한다면, 16:50의 '가증함'은 다른 죄악들로부터 구별되는 또 다른 죄악, 곧 레위기 18:22와 20:13에 언급된 동성애적 성행위, 특히 남성 간 항문성교를 가리킨다는 것은 분명한 사실이다.[108] 소돔의 죄악이 레위기가 사형으로 금한 '가증한' 동성애와 관련된다는 것은 확실하다. 그렇다면 보스웰이 내세우는 구약성경에 소돔의 죄악이 동성애라고 언급된 적이 전혀 없다는 주장은 확실히 왜곡되고 비논리적인 것이라고 말할 수밖에 없다.

원래 '가증한' 일은 신적으로 주어진 가이드라인인 율법에 대한 심각한 위반,[109] 인간 존재의 참된 정체성에 어긋나는 도덕적 범죄, 특히 신성모독적 악행을 가리킨다. 이들 중 상당수는 오늘날에도 여전히 심각한 죄악으로 간주된다. 그런데 보스웰은 레위기 18:22와 20:13에 나온 '가증함'이 현대 그리스도인들에게 유효하지 않다고 주장했는데, 여기서 주목할 것은 그에게 있어서 '가증한' 것이란 하나님께서 싫어하는 악한 행위가 아닌, 제사를 위한 의식적 사용에 있어서 불결한 것(일례로 음식법, 성행위에 관한 법, 우상숭배에 관한 것)으로 간주된다는 사실이다.[110] 이런 맥락에서 보스웰은 동성애 금지가 윤리규정이라기보다 제의적 의식에 관한 금지규정이라고 이해하였다. 그러나 대다수 구약학자들은 본문에 사용된 '여자와 동침하다'라는 표현을 남성과 여성 사이에 성행위가 행해지는 방식으로 남성 간 성행위가 행해지는 항문 섹스로 인식한다. 특히 레위기 20:13은 능동적 행위자(남성 역할)와 수동적 행위자(여성 역할) 모두를 사형에 처한다고 규정한다. 그 이유는 남성 간 항문 섹스에서 삽입당하는 남성이 여성의 역할을 대체함으로써 하나님이 정하신 남녀 사이의 경계를 허무는 결과를 초래하기 때문이다.[111] 이같은 해석은 레위기 18장과 20장이 동성 간 성관계가 사형이라는 형벌을 야기하는 범죄임을 보여준다는 주장을 뒷받침하며, 이 본문이 동성애 금지와 무관하다는 보스웰의 주장을 확실하게 논박한다.

한편 동성애 문제와 관련하여 가장 명확한 성경 본문 로마서 1:26-27

을 보스웰은 어떻게 해석했는가? 우선 그는 사도 바울이 동성 간 성행위를 단죄하기는커녕 오히려 그것이 윤리적으로 중립적이어서, 선하게 쓰일 수도 악하게 쓰일 수도 있을 뿐, 그 자체로는 선하지도 악하지도 않다고 평가했다고 전제하였다. 그러면서 보스웰은 바울이 본문에서 세 단어들, 곧 '비정상적인'(para physin), '부끄러운'(atimia), '망측한'(aschemosyne)을 사용하여 동성 간 성행위를 묘사한 점을 주목한 후, 이 단어들을 자신이 의도하는 의미로 새롭게 비평적으로 재해석할 것을 다음과 같이 제안하였다:

첫째로, 'para physin'을 '비정상적인', '자연에 반하는' 대신 '뜻밖에', '평범하거나 일상적이지 않은'으로 재해석하면, '사람들의 기대에 부합하지 않는(도덕적으로 잘못이라거나 윤리적으로 단죄한다거나 하나님을 거스른다거나 창조물의 신성한 질서에 반대된다거나 비정상적·부자연스럽다거나 사물의 보편적 본성과 대립된다는 뜻의 함축이 전혀 들어있지 않은) 행동'으로 이해된다.

둘째로, 'atimia'를 '부끄러운' 대신 '영예롭지 못한'(도덕적·윤리적으로 잘못되지 않은)으로 해석한다.

셋째로, 'aschemosyne'를 '망측한' 대신 '부적절한'(도덕적·윤리적 판단이 가미되지 않은)으로 해석한다.

이로써 보스웰은 바울이 남성 간 성행위가 평범하지 않고 영예롭지 못하며 부적절하다고 말할 뿐 결코 도덕적·윤리적으로 단죄하지 않을 뿐만 아니라, 누가 보더라도 확실한 레즈비언 섹스 금지도 말하지 않는다고 강조하였다. 그러면서 그는 바울의 전체적 요점이 그리스도 안에서는 성 행태의 차이가 윤리적으로 중립적이라는 사실이라고 결론짓는다. 이를 통해 보스웰은 동성 간 성행위를 정죄한 것이 너무나 명약관화한 본문, 하나님이 피조물을 창조하신 궁극적 의도와 목적을 위반함은 물론 하나님의 창조 질서에 역행함으로 하나님의 진노와 심판을 자초하는 동성 간 성행위를 정죄한 성경 말씀의 진의(眞意)를 너무나 심각하게 왜곡하였다.

그렇다면 보스웰은 지적으로 탁월한 학자였음에도 불구하고, 왜 그토록 논거가 빈약하고 비논리적인 억지이론을 계속 강변했는지 의구심을 갖지 않을 수 없다. 사실 그는 성경이 동성애를 '가증한 죄'로 규정한다는 주석가들의 너무나 명확한 주해를 애써 외면함으로써 생애 마지막 순간까지 동성애에 대한 왜곡된 이해 속에 함몰되어 살아갔다. 일례로 그는 플라톤과 아리스토텔레스가 동성애를 이성애보다 긍정적으로 평가했다면서[112] 고대 그리스와 로마 사회에서 동성애가 정상적 성행위로 인정되었다고 주장했지만, 실상 두 철학자의 견해와 고대 사회에서 동성애의 용인 문제는 반드시 재고되어야 할 필요가 있다. 플라톤이 긍정한 동성애는 육체관계를 초월한 신들 사이의 천상적 사랑에만 국한하며, 아리스토텔레스는 동성애를 병적이라고 분명히 언급함으로써, 고대 사회 전반에 동성애는 일탈이자 불법으로 간주되었기 때문이다.[113] 보스웰의 성경 주해는 상당히 납득하기 어려운 주장을 내포함으로써 많은 비판의 대상이 되어왔다.

3. 다니엘 헬미니악

조직 신학자이자 철학자요 심리학자인 헬미니악(1942-) 웨스트 조지아 주립대 교수는 베일리와 보스웰이 선구자적으로 개척한 동성애 연구의 기반 위에 성경에 대한 역사 비평적 연구를 통해 본격적으로 퀴어 신학이라는 장(場)을 열었다. 그는 1976년 게이로 커밍아웃한 후 이듬해부터 로마가톨릭 사제로서 남녀 동성애자 커뮤니티에서 교역 활동을 시작한 이래 가톨릭교회 내 젠더 퀴어(=성소수자, LGBTQ⁺)를 옹호하는 비영리 네트워크 'DignityUSA'를 돕고 있다. 특히 '퀴어 신학의 대부'로 일컬어지는 헬미니악이 1994년 출간한 <성경이 말하는 동성애: 신이 허락하고 인간이 금지한 사랑> *What the Bibel Really Says About Homosexuality?*은 성경 본문을 당시의 역사적·사회적 정황에 부합하게 해석하자는 취지에서 동성애 문제를 연구한 책으로 잘 알려져 있다.

헬미니악은 이 책의 서두에서부터 동성애자들의 끔찍한 비극이 편견 및 혐오를 용인하는 사회로 인해 발생했다고 성토하였다. 특히 성경을 믿는 종교(기독교를 지칭)에게 모든 비극의 책임이 있으며, 성경을 믿는 사람들이 남녀 동성애자들에 대한 증오와 학대를 정당화했다고 강하게 비판하였다.[114] 그러면서 그는 성경이 반(反)동성애 입장을 전혀 지지하지 않음은 물론 동성애자들의 윤리성에 대해 아무런 입장을 표명하지 않기 때문에, 동성애에 관한 한 중립적 태도를 취한다고 시종일관 강변하였다. "성경이 동성애를 단죄할 어떤 진정한 근거도 제시하지 않는다는 것은 내가 보기에 분명한 사실이다 … 동성애를 단죄하려는 목적으로 성경을 인용한다면 이에 대해 분개해야 마땅하다 … 동성애가 그 자체로 어떤 식으로든 불건전하다고 할 만한 이유는 존재하지 않는다."[115] "성경은 동성 성교 행위 자체나 우리가 오늘날 생각하는 남녀 동성애 관계의 도덕성에 관해 아무런 직접적 태도를 취하지 않는다."[116] 바로 이 점이 헬미니악이 동성애 문제에 대한 성경적 이해에 천착하게 된 이유로 사료된다.

헬미니악이 생각하는 동성애 문제의 중요한 관건은 "성경 본문을 어떻게 읽고 해석하느냐?"이며, 그의 성경 읽기는 역사 비평적 방법에 따라 동성애에 대한 성경의 입장을 재해석하는 작업이다. 그리고 그가 내린 결론은 동성 간 성행위를 비판하는 성경의 이해는 오로지 고대 세계의 방식으로만 가능하며, 성경 저자들이 상상하지 못했던 일(대표적: 성적 지향)이 대두된 오늘날에는 더 이상 유효하거나 적용될 수 없다는 것이다.[117] 이러한 헬미니악의 선례를 따라 퀴어 신학자들은 동성애를 신학적으로 정당화하기 위해 보수주의 성경학자들의 문자주의적 성경해석이 동성애를 죄악시했다고 비판하면서 성경에 기록된 동성애를 역사 비평적으로 재해석한다. 이들은 아무리 친(親)동성애적 신학을 전개해도 문제의 근원을 공략하지 않고는 소기의 목적을 이룰 수 없다고 생각하여 대대적으로 성경의 권위를 훼손하는 데까지 나아간다.

헬미니악도 베일리와 보스웰의 퀴어 신학적 성경해석을 적극적으로 수용하여 창세기 19장의 소돔 사건부터 실마리를 풀어간다. 먼저 헬미니악은 본문에 사용된 '야다'의 성적인 의미를 부정하면 성경 주해의 신빙성을 잃어버린다는 사실을 의식했는지, 소돔 사건에서 분명히 성적인 언급이 나온다는 사실을 인정한다.[118] 하지만 그는 본문의 주된 관심이 동성 성관계나 성윤리가 아니고, 오히려 앞서 두 퀴어 신학자들이 강조했던 나

그네를 환대하는 고대 사회의 기본 규칙을 위반한 학대와 폭행이라고 못 박는다.[119] 헬미니악은 사사기 19장도 유사하게 해석함으로써, 소돔인들이 동성 성관계가 아닌 비열함과 잔인함 때문에 단죄를 당했듯이 기브아인들도 냉혹함과 사악함 때문에 하나님의 심판을 받았다고 주장한다. 두 본문을 해석하면서 그는 소돔인들과 기브아인들의 동성 성폭행 못지않게 끔찍한 일이 각각의 사건에서 딸들을 강간에 내어주려는 시도라고 넌지시 암시하기도 한다. 그러므로 헬미니악은 소돔 사건과 기브아 사건으로 동성애를 단죄하는 것은 본문을 오용하는 일이라면서, 학대와 잔혹함이야말로 단죄되어야 한다고 결론짓는다.[120]

헬미니악은 창세기 19장과 사사기 19장이 동성 성관계를 중요한 범죄로 다루지 않은 것과는 달리 레위기 18장과 20장은 남성 간 성행위를 직접적으로(구약성경에서는 유일하게) 다룬다는 사실을 전면에 내세운다. 그러나 그는 두 퀴어 신학자들과 유사하게 성결법이 섹스의 고유한 본질을 위배한 성적 이유가 아닌 종교적 이유, 곧 유대인의 정체성을 강력하게 유지하려는 의도 때문에 남성 간 성행위를 금지한다고 강조한다. 즉 레위기 본문에서 남성 간 동성애 금지는 섹스 자체의 옳고 그름을 분별하는 도덕적·윤리적 관심이 아닌, 오로지 부정함과 거룩함에 대한 종교적 관심에 기반 한다는 것이다.[121] 그러면서 헬미니악은 '망측한 짓'을 성결 규칙을 위반한 '부정한 짓'으로 해석하면서, 본문이 금지하는 것은 고대의 이상적 질서(남자는 삽입을 당하면 안 되고 오직 여자만이 삽입을 당해야 하는 질서)를 깨뜨리고 용인된 성역할을 혼란시키는(남자로 하여금 여자구실을 하게 함으로 이상화된 만물의 질서를 어지럽히는) 남성 간 삽입 성교라고 말한다. 참고로 언급할 것은 헬미니악이 레위기가 동성애를 부정하게 여기기 때문에 금지시킨다고 주장한 반면, 신약성경은 성결함이나 부정함이 관건이 아니고 다만 선악을 행하는가가 중요할 뿐이라고 주장한 점이다.[122]

레위기와 관련하여 또 한 가지 짚고 넘어갈 것은, 초기 유대교의 사고방식이 성에 대해 자유로웠기 때문에 동성 간 성행위와 이성 간 성행위를 구분하지 않았다고 헬미니악이 주장한 점이다. 즉 당시에 남자와 여자 중 누구와 성행위를 했느냐보다, 삽입을 했느냐의 여부가 더 중요했다는 납득하기 어려운 주장도 한다.[123] 더욱이 남성 간 삽입 성교의 문제점은 다른 종류를 뒤섞는 일을 혐오하는 고대 유대교의 율법에 위배되기 때문에 금지된 행위였다고 부연 설명도 한다. 여기서 헬미니악의 견해가 베일리와 보스웰의 입장과 미세하게 달라지는 모습을 발견할 수 있다. 따라서 헬미니악은 레위기 성결법이 남성 간 성관계를 망측한 짓이라고 금지한 것은 그 자체가 도덕적·윤리적으로 잘못되었기 때문이 아니라, 초기 이스라엘의 유대교적 세계관에 근거하여 어긋났기 때문이라고 역설한다. 이와 아울러 동성 성관계가 옳으냐의 여부를 둘러싸고 논쟁하는 이 시대에, 사회적 관습과 금지가 항상 변하고 바뀌는 오늘날 윤리적 질문에 대한 대답으로 레위기를 인용하는 것은 성경을 오용하는 것이라고 역설한다. 그러므로 레위기에서 얻을 수 있는 교훈은 단순한 관습의 문제에 불과한 것을 윤리적 사안으로 끌어올려 다루려는 고집을 버려야 한다는 것이라고 결론짓는다.[124]

성경 전체에서 동성 간 성행위를 가장 분명하게 정죄하는 로마서 1:26-27에 대한 해석에 있어서 헬미니악은 보스웰의 주해를 전적으로 따른다. 그는 남성 간 성행위를 부정하게 바라본 레위기 성결법과 성결을 쟁점으로 삼은 바울의 로마서 사이에 고의적 유사성이 존재한다면서, 사회적 기대의 위반과 율법에 따른 부정함이 죄가 아니듯이, 동성애가 도덕적·윤리적 잘못이 아니라고 재차 강조한다. 헬미니악은 특히 로마서 1:27에 나온 '응분의 벌'을 동성애로 인한 성병이나 심지어 에이즈(AIDS)로 추측하는 사람들을 향해 말이 안 된다고 일축하면서, 잘못과 부정함은 하나님을 받들어 섬기지 않은 우상숭배의 결과라고 말한다. 결론적으로 말해, 로마서에서 동성 간 성관계는 단지 유대인들의 기준으로 판단한 이방인들의 부정함을 보여주는 예일 뿐이며, 로마서가 분명히 이에 대해 중립적이기 때문에 죄악시하지 않는다고 힘주어 말한다.[125] 이처럼 헬미니악은 성경을 문맥에 따라 읽으면 상식적으로 이해할 수 있는 내용도 막무가내로 왜곡시킴으로써, 진리를 앎에도 불구하고 고의적으로 비틀어버리고 있다.

신약성경에 기록된 동성애 관련 또 다른 중요한 두 본문 고린도전서 6:9과 디모데전서 1:10에 대한 헬미니악의 해석은 다음과 같다. 먼저 두 본문에서 중요한 관건은 두 단어, 곧 탐색하는 자(malakoi: 남성과 성관계 시 여성 역할을 하는 자·남성에게 삽입을 당하는 자)와 남색하는 자(arsenokoitai: 남성과 동침하는 자·남성에게 삽입하는 자)의 해석 문제이다. 그런데 헬미니악은 두 단어의 의미가 모호하다면서, 두 본문은 성경이 기록될 당시 동성애와 관련된 악습, 곧 착취와 성적 학대를 단죄한다고 주장한다. 설령 'arsenokoitai'가 남성 간 성행위를 가리킬지라도, 두 본문이 남성 간 성행위 자체를 금한다고 볼 수 없다는 것이다. 당시 유대-기독교에서 'arsenokoitai'는 남성 간의 착취적이고 음탕하며 방자한 섹스를 가리켰을 것으로 추정된다. 그러므로 헬미니악은 성경 구절이 반대하는 것은 남성 간 성행위 자체가 아닌 동성애의 남용이라고 주장한다. 성경이 시종일관 단죄하는 것 역시 섹스 일반이 아닌 이에 대한 위배, 결코 동성애가 아닌 이성애의 남용이라고 결론짓는다. 두 본문이 주는 교훈은 이 원칙이 이성애와 동성애에 동일하게 적용된다는 것이다. 동성애를 가리키는 것으로 추정되는 신약의 마지막 본문 유다서 7절의 "다른 육체"에 대해 헬미니악은 동성 간 성관계가 아닌 천사와 인간 사이의 성관계를 가리킨다고 해석한다.

끝으로 헬미니악은 몇몇 성경 본문이 동성 간 성관계를 긍정적으로 다루고 있다고 말하면서 대표적 사례로 다윗과 요나단, 다윗과 사울 사이의 관계를 든다. 다윗과 요나단은 헤어질 때 격렬한 슬픔을 보였을 뿐 아니라(삼상 20:41-42), 요나단이 죽었다는 소식을 들은 다윗은 애가(삼하 1:26)를 지었는데, 이 애가의 내용은 두 사람 관계가 단순한 우정 이상임을 보여준다는 것이다. 헬미니악은 사울 역시 다윗을 사랑했다고 주장하는데(삼상 16:21; 18:12, 28), 예시로 들은 본문(삼상 16:21)을 "다윗이 사울에게 이르러 그 앞에 모셔 서매 사울이 그를 크게 사랑하여…" ⇨ "다윗이 사울에게 왔고 그 앞에서 발기했을 때 사울은 그를 무척 사랑했다"로 임의대로 번역하였다. 이것은 히브리어에 모음이 없고 오직 자음만으로 기록된 점을 악용하여 하나님의 거룩한 말씀이 악의적으로 음란하게 번역한 사례다. 이외에도 그는 몇 가지 증거를 제시하면서 요나단과 다윗과 사울 사이에 추정되는 삼각 성관계 가능성을 제기하였다. 그뿐만 아니라 헬미니악은 룻과 나오미, 다니엘과 환관장 등을 위시하여 성경의 주요 인물들이 상상을 초월하여 동성 간 성관계에 개방적이었을 거라고

추정한다.[126]

헬미니악은 신약성경 인물 중 로마 백부장과 병든 하인이 동성 간 성관계를 나눈 게이라고 추정하면서 그 증거로 하인을 일컬어 남자 간 섹스에 쓰이는 노예이자 남자 연인을 가리킬 가능성이 농후한 '내 아이'(pais)로 부른 것을 예로 든다. 사실상 로마의 가장들이 노예를 성적으로 이용한 것은 당시로선 흔한 일이었다는 것이다. 헬미니악이 특히 주목하는 것은 예수 그리스도께서 실제로 맞닥뜨린 동성애자 백부장의 믿음을 칭찬하셨고 소년 하인을 건강하게 치유하셨던 일이다. 이를 통해 그는 예수께서 그 시대의 동성 성관계에 궤념치 않았을 뿐 아니라(어쩌면 그 시대에 널리 만연된 동성애 성풍속을 당연하게 받아들이셨을지도), 이 시대를 살아가는 우리의 좁은 소견으로 당대 세계를 투사하지 않도록 조심해야 한다고 충고한다. 그러면서 헬미니악은 예수께는 성적인 행실보다 믿음과 선의가 더욱 중요시된다고 주장하기도 한다.[127] 우리는 헬미니악에 이르러 앞서 퀴어 신학자들보다 더욱 대범해지고 사악해져가는 퀴어 이론의 진화적 행태에 경악을 금치 못하게 된다.

4. 테오도르 제닝스

20세기 중반 서구세계에서는 기독교가 쇠퇴할 거라는 예단 속에서 '신 죽음의 신학'(死神神學 Death of God Theology)이라는 극단적인 신학 사조가 출현하여 기독교 신앙 및 신학을 위협하였다. 반세기 지나 이 예단은 빗나갔고 기독교 복음은 서구세계를 넘어 전 세계로 뻗어나가

비(非)서구세계에서 흥왕하게 되었다. 하지만 사신 신학의 토대에서 신학 수업을 받았던 한 신학자가 오늘날 기독교 신앙 및 신학의 근간을 뒤흔들고 있는데, 그가 바로 시카고 신학교 교수였던 제닝스(1942-2020)다. 제닝스는 그의 스승이자 사신 신학자였던 토마스 알타이저(T. Altizer)보다 더 급진적으로 나아갔다. 즉 그는 한때 존재했던 하나님께서 더 이상 실존하지 않기 때문에 기독교가 소멸할 세속 사회가 도래할 것이며, 바로 이런 연유에서 '기독교 이후의 신학'(Post-Christian Theology)에 대해 고민해야 한다고 2018년 8월 생전 마지막 방한 당시 공언하였다.[128]

오늘날 퀴어 신학의 선봉에 선 제닝스의 대표 저작은 2003년에 출판된 <예수가 사랑한 남자: 신약성경의 동성애 이야기> *Man Jeus Loved*인데 이 책의 의도는 그 자신이 밝혔듯이 '게이적 성경 읽기'다. 제닝스는 동성애 혐오적이고 이성애 중심적인 교회의 입장이 성경을 왜곡한다고 비판하면서, 그 귀결로 게이에 대한 차별을 철폐하는 성경 읽기가 실제로 성경으로부터 유래하는 텍스트라고 못 박았다.[129] 그러면서 그는 동성애 혐오적 정통신학의 해석에 이의를 제기하는 한편, 동성애적 욕망과 관계를 긍정하는 성경 텍스트의 재해석을 구성하기 위한 전략을 찾아내고자 했다. 더 나아가 이성애 중심적 제도들(대표적: 결혼 및 가족)의 특권을 지지하는 신학적 해석에 도전하였다.[130] 이처럼 퀴어 신학자들은 동성애를 반대하는 성경 해석을 완전히 뒤집지 않으면 동성애 및 동성혼을 합법화할 수 없다고 판단, 지속적으로 친(親)동성애적 성경 해석을 감행하면서 전통적 결혼 및 가족제도에 반기를 든다.

<예수가 사랑한 남자>를 시작하면서 제닝스가 가장 먼저 꺼낸 화두는 놀랍게도 "예수는 게이였는가?"다. 그는 기독교와 성애(性愛)가 양립할 수 없는 것이 아니며 예수의 성적인 애착 내지 성애 관계를 부정할 어떠한 이유도 없다고 전제하면서 이야기를 풀어간다. 제닝스는 특히 사랑하라는 말이 수차례 반복되는 요한복음에 나오는 "예수께서 사랑하시는 자"(13:23; 19:26; 20:2; 21:7, 20)를 주목하면서 예수와 그 제자가 육체적으로 내밀한 관계, 곧 성애적 욕망 또는 성적인 매혹에 의해 특징지어지는 사랑의 관계였을 개연성을 제기한다.[131] 사랑받는 제자가 예수의 가슴에 안겨 누워있는 육체적·감정적 친밀함에서 평범한 사제지간이 아니라, 동성 간 육체관계를 나누는 모습이 엿보인다는 것이다(요 13:21-26). 그렇다면 예수의 사랑하시는 제자는 과연 누구인가? 이 질문에 대해 제닝스는 논의 초기에는 세베대의 아들 요한과 나사로, 부자 청년, 안드레 등을 물망에 올렸다. 곧이어 베드로와 도마, 빌립, 가룟 유다를 제외한 예수 주변의 젊은 남성들을 가능성 있는 인물로 추정하지만, 결국 확정적 결론을 내리지 못한다.

  제닝스는 예수가 남성들과 육체적·감정적 내밀함을 나누는 게이임을 확신하면서 좀 더 구체적 사례를 소개한다. 즉 그는 요한복음과 별도로 마가복음(특히 클레멘스와 카르포크라테스의 '비밀의 마가복음'[132])에도 예수의 동성애 관계를 암시하는 자료가 수록되었다면서 '부유한 젊은 관원'(10:17-22)과 '겟세마네 동산에서의 벌거벗은 젊은이'(14:50-52) 사건을 제시한다. 그러면서 제닝스는 마가복음 정경에 나온 자료(예수를 향한 부자 청년의 사랑의 시선, 동산에서 도망가는 벌거벗은 청년)는 동성애를 묘사하는 내용을 포함하고 있기 때문에 정경인 마태복음과 누가복

음에서 빠진 것이라고 주장한다.[133] 그뿐만 아니라 제닝스는 십자가 죽음을 앞둔 예수가 최후의 만찬에서 제자들의 발을 씻어주신 숭고한 행위도 참람하게 재해석한다. 당시 예수는 옷을 벗은 상태였고 제자들은 그의 무릎에 눕거나 가슴에 바짝 기대었는데, 이것은 육체적 성애 관계를 나타낸다는 것이다. 또한 제자들의 발을 씻겨주신 것은 예수가 여자의 역할을 한 것이라는 기괴한 해석을 내놓기도 한다.[134]

앞서 논했던 퀴어 신학자들은 주로 성경의 인물들이 동성애자였을 거라는 가설만을 제기했지만, 제닝스는 이들을 뛰어넘어 예수가 게이라고 기정사실화하고 성경 인물들의 성정체성을 논한다. 그는 성경 안에 동성애자들이 많다고 유추하면서 그 사례들을 다음과 같이 열거한다. 먼저 다윗과 요나단(삼상 18:1, 20:20; 삼하 1:26)의 애정관계를 위시하여 다윗과 사울(삼상 16:21)의 관계 역시 연인관계로 추정하고(요나단-다윗-사울의 삼각관계), 룻과 나오미(룻 4:16)의 관계를 문학작품에 최초로 등장한 레즈비언 로맨스로 상정하며, 다니엘과 환관장(단 1장)도 동성애 관계였을 가능성을 언급한다.[135] 또한 예수께 병든 하인을 고쳐 달라고 청원했던 백부장과 종(마 8:5-13)의 관계 역시 게이 관계라고 주장한다. 제닝스는 우정과 동성애 사이를 구분하지 않고 기본적으로 친밀한 관계로 서술되는 동성 간의 이야기를 모두 동성애로 간주하는 경향인데, 이것은 다니엘 헬미니악에게 전적으로 영향을 받은 듯하다.

제닝스는 성경의 인물들을 동성애자로 간주하는 한편으로, 명백히 동성애를 죄악으로 단정한 성경 구절들에 대해선 왜곡된 해석이라고 강변하기도 한다. 구약과 신약에는 동성애를 직접적으로 언급한 구절들

(레 18:22; 20:13; 신 22:5; 롬 1:26-27; 고전 6:9-10; 딤전 1:10)과 함께 전통적으로 문맥상 동성애와 관련된 내용으로 보이는 성구들(창 19:5; 삿 19:22; 유 1:7)도 있는데, 그는 오로지 다섯 구절(레 18:22와 20:13, 롬 1:26-27, 고전 6:9, 딤전 1:10)만이 동성애를 비판하는 듯이 보인다면서 상당히 많은 성경구절이 실상은 동성애와 무관하다고 말한다. 그러면서 그는 이 구절들을 그동안 보수주의 성경학자들이 잘못 해석하면서 동성애를 단죄했지만, 성경은 명백히 게이를 긍정한다고 주장한다.[136] 또한 동성애를 죄악으로 정죄하고(동성애 혐오적) 이성애를 하나님의 창조질서로 바라보는(이성애 중심적) 기독교의 전통적 관점이 성경을 왜곡했다고 비판한다. 동성애에 대한 성경의 입장을 정리하면서 제닝스는 다수의 성경 텍스트가 오히려 동성애 관계와 행위를 긍정함은 물론 찬양까지 한다고 억지 주장을 한다. 그뿐만 아니라 동성애라는 것이 저주도 아니고 범죄도 아니며, 심지어 하나님이 주신 놀라운 선물이자 축복이라고 결론짓는다.[137]

위 성구들에 대해 제닝스가 해석한 내용들을 살펴보노라면, 대단히 어리석은 궤변과 비논리적인 억지 주장에 실소를 금치 못하게 된다. 즉 그는 성경 전체를 문맥에 따라 읽으면 상식적으로 이해할 수 있는 내용도 막무가내로 왜곡시키는 우를 범하는 것이다. 특히 소돔과 고모라 사건(창 19:1-11)이 명약관화하게 동성애와 연관되어 있음에도 불구하고 이를 전적으로 부정하는데, 즉 이 사건이 약한 이방인들을 대상으로 집단 강간을 저지르려는 불법을 지적한 것일 뿐만 아니라, 동성애자들에 대한 인류의 범죄를 정당화하는 데 악용되어왔다고 역공격하는 식이다. 과거에는 동성애자들이 자연적 순리에 위배되는 자신들의 부끄러운 성행위 행태를 은폐하기에 급급했지만, 제닝스는 이미 공공연하게 드러난 동성애자들의 비윤리적 행태보다 이성애자들의 혐오가 훨씬 더 심각하다면서 비난의 화살을 오히려 이성애자들에게 돌림으로써 논점을 흐리고 있다.

제닝스는 동성애에 대한 이성애자들의 혐오를 비판하는 강도보다 훨씬 더 강한 어조로 이성애에 대해 대립각을 세우는데, 특히 성애와 생식(출산)을 관련시키는 이성애 중심주의가 기독교 성윤리라는 괴물을 만들었다면서 이것이 동성애 혐오의 뿌리라고 역설한다.[138] 그는 성애를 적극적으로 미화하는 만큼 이성애에 기반한 결혼과 가족제도에 강한 적대감을 드러냄으로써, 결혼과 가족적 가치에 근본적 의문을 제기하기도 한다.[139] 그는 가족이 개인에 가하는 폭력과 학대, 개인의 삶에 대한 왜곡의 무대가 되고 있는 것 곧, 가족생활의 강압적이고 범법적 역기능을 폭로하고 있는데, 이 과정에서 가족의 순기능마저 부정한다. 제닝스가 유일하게 결혼의 가치를 인정한 때는 욕망을 통해 서로를 향유하는 기쁨 속에서 하나가 될 때다.[140] 그에 의하면 결혼의 유일한 동기는 서로 성욕을 만족시키기 위한 것일 뿐이다.[141]

더욱이 제닝스는 모든 제자를 향해 가족적 유대의 단절을 요구한 예수의 선포에 응답하는 것은 원칙적으로, 가족적 유대에 대한 절대적 반대를 의미하기 때문에, 예수 전승이 가족이라는 구조를 거부함은 확실하다고 주장한다. 이와 관련하여 짚고 넘어갈 점은, 그가 가족적 유대의 단절을 요구한 예수의 선포의 진의를 왜곡함으로써, 예수 전승이 원칙적으로, 절대적으로 가족적 유대를 반대한다고 주장한 사실이다.[142] "예수는 모든 복음서에서 가족제도를 공격한다 … 예수는 복음이 소위 가족적 가치라는 것과 화해할 수 없는 상충관계에 있음을 명확히 한다."[143] "우리는 오직 가족이라는 제도에 대해서는 그 어떤 동성애 관계보다 예수가 훨씬 더 위험하다는 것을 지적할 수 있을 뿐이다."[144]

그동안 한국 신학계에서 제닝스의 신성 모독적 성경해석과 건전한 기독교 윤리를 위협하는 심각한 도전에 대해 별 다른 문제 제기가 없었지만, 제닝스가 공개석상에서 '기독교의 소멸'과 '기독교 이후 신학'을 공언하는 상황은 더 이상 묵과할 수 없는 단계에 이르렀음을 의미한다. 또한 하나님의 아들이신 예수를 게이로 왜곡할 뿐 아니라, 부정한 혈통의 가계도에서 태어난 역사적 예수가 명백히 성적 비규정성에 크게 문제가 없었던 사람, 성적으로 부정한 행위에 대해 책망하지 않고 오히려 관대한 태도를 보였던 사람이라고 신성 모독하는 상황도 결코 좌시할 수 없는 대목이다. 그뿐만 아니라 제닝스가 결혼 및 가족적 가치를 폄하하고 성규범을 괘념치 않는 비윤리적 방종을 넌지시 종용하는 것도 성경에 기반한 기독교 윤리관에 전적으로 배치된다.[145] 거룩보다 쾌락, 성결보다 방종을 선택한 퀴어 신학자들에게 있어서 기독교는 족쇄처럼 부담스러운 존재이기에 이들이 기독교가 사라질 그 이후를 동경하는 것은 어쩌면 자연스러운 수순인 듯하다.

나가는 말

앞서 살펴보았듯이 퀴어 신학이 옹호하는 동성애를 정죄한 성경의 입장은 시종일관 명약관화하다. 성경에서 직접적으로 동성애를 언급한 구절은 레 18:22와 20:13, 롬 1:24-27; 고전 6:9-10; 딤전 1:10이며, 문맥상 동성애와 관련된 성구는 창 19:5; 삿 19:22; 유 1:7이다. 먼저 레 18장과 20장 말씀은 당시 이방민족 사이에 동성애가 편만했음을 기술하면서 이 풍습을 하나님께서 '가증하게'(toevah)[146] 여기신다는 것과 이를 멀리하는 것을 하나님께 택함 받은 선민의 정체성으로 제시한다. 특히 20장에서 동성애(13)는 간음(10-11), 근친상간(12,14), 수간(15-16) 등과 함께 사형을 부과해야 할 죄의 목록에 포함되었다. 이같은 형벌규정은 모든 민족이 다 동성애를 해도 야훼 하나님의 백성만은 절대로 안 된다는 뜻을 담고 있다. 그러므로 구약시대에 종교개혁을 단행할 때마다 동성애는 항상 개혁의 대상이 되었던 것이다(왕상 14:24; 15:12; 22:46).

신약시대에 와서도 동성애를 정죄한 입장은 계속 견지되는데, 특히 성경 전체를 통해 동성애에 대해 핵심적 가르침을 제시하면서 레즈비언 성관계도 언급한 본문은 롬 1:26-27이다. 여기서 바울은 동성애로 인한 폐해를 '하나님의 보응'이라고 말하면서 동성애가 편만했던 당시의 사회를 향해 준엄한 심판의 말씀을 선포한다. 동성애 옹호세력은 바울이 오늘날과 같은 성적 지향(sexual orientation)이나 젠더 정체성(gender identity)에 대해 무지했기 때문에 동성애를 비판했다고 주장하지만,[147] 그가 동성애자들 간에 차별을 두어 일부에게는 관대하고 일부에게는 가혹한 이중 잣대를 적용하지 않았음은 주지의 사실이다. 바울은 모든 동성애가 하나님의 창조질서를 거스르는 '역리'(para phusin)임을 명시하면서 하나님 나라를 유업으로 받지 못한다고 선언하였다(고전 6:9). 단언하면, 성경이 동성애를 가증한 죄로 금지한 것은 하나님 자녀로서의 삶의 표지, 곧 세상과 구별되는 거룩한 정체성의 일부라고 할 수 있다.

성경에 근거하여 기독교가 로마제국의 국교로 제정되면서 가장 먼저 금했던 것이 동성애였다. 초기 기독교 교부들은 동성애를 죄로 규정했는데(대표적: '거룩한 혼인'이라는 가정윤리의 신성함을 고양시켰던 아우구스티누스는 동성애를 하나님이 정한 창조질서를 거스르는 범죄일 뿐 아니라 부당하고 불익한 행위로 간주), 이에 의거하여 4세기 말엽 이후 로마제국은 동성애를 엄격히 금지하였다. 특히 유스티니안(Justinian) 황제는 신성모독과 동성애를 동일하게 불경건한 행위로 간주하여 538년 이를 엄금하는 법령(Justinian Novella)을 제정했는데, 여기서 동성애를 '자연에 반하는 행위'이자 사형에 준하는 범죄행위로 명시하였다. 중세 시대에 들어와 동성애에 대한 기독교 신학자들의 입장은 더욱 공고해졌다(대표

적: 토마스 아퀴나스는 동성애가 하나님을 모독하는 행위임은 물론 자연에 어긋나는 죄악이라고 정죄). 14세기부터 동성애 금지는 더욱 강화됨으로써, 동성애자들에 대한 극형의 역사는 20세기 초반까지 지속되었다.

그러나 20세기 중후반에 들어와 그간 역사 속에서 기독교 전파와 함께 지하로 숨어들었던 동성애는 사회의 전면에 등장하기 시작했는데, 그 배후에는 자본주의의 발달로 인한 물질적 풍요와 성적 쾌락이 자리잡고 있다. 특히 주변과 중심의 경계를 허물고 거대담론 및 절대적 진리를 부정하는 포스트모더니즘(postmodernism)의 확산으로 젠더 이데올로기(gender ideology)가 발흥함으로 인해 기존의 소외된 것, 주변적인 것에 관심이 집중되면서 인종·민족·계급·성에 대해 제 목소리를 낼 수 없었던 부류의 사람들이 나서게 되었다. 이때부터 오랜 세월 숨어있던 젠더 퀴어들(=성소수자, LGBTQ+)이 차별당해 왔던 유색인종과 여성들의 틈에 끼어 그들의 존재감을 드러냈다. 그러나 무엇보다도 동성 간 성행위의 죄성을 명시한 기독교의 쇠퇴가 동성애 번성의 가장 본질적 원인이라고 할 수 있다. 역사상 동성애를 제지했던 유일한 세력은 교회공동체였는데, 기독교가 영적·도덕적 권위를 잃으면서 동성애가 창궐하게 된 것이다.

이러한 동성애를 신학적으로 정당화한 퀴어 신학은 치명적 문제점을 내포하는데, 이를 정리하면 다음과 같다.[148]

첫째로, 퀴어 신학은 양성 질서를 창조질서로 주신 하나님의 섭리에 어긋나는 동성애에 천착함으로써 모든 시대의 인간을 향해 말씀하시는 하나님의 뜻과 경륜을 탐구하는 신학의 본질에서 빗나간다.

둘째로, 퀴어 신학은 인간의 성적 삶의 한 부분에 속하는 주제인 동성애에만 전적으로 집중함으로써 신학의 보편적 주제를 담아낼 수 없다.

셋째로, 퀴어 신학은 반인륜적·비도덕적일 뿐 아니라 괴기스럽고 이상한 성적 관행인 동성애를 대변함으로써 정통신학의 주제들(하나님의 초월적 행위)과 연결될 수 없다.

넷째로, 퀴어 신학은 젠더 퀴어의 경험에 비추어 기존의 정통 기독교 신학을 상대화함으로써 정통신학과 양립할 수 없다.

다섯째로, 퀴어 신학은 성경의 영감을 부정함으로써 성경의 본래적 의미를 간과할 뿐 아니라 기독교 신앙의 본질을 거부한다.

여섯째로, 퀴어 신학은 성경을 왜곡하여 전통적 결혼 및 가족제도를 부정하는 방향으로 나아간다.

그동안 한국 교계와 신학계에서는 퀴어 신학의 이단성에 대한 학문적 논의가 지지부진하였다. 특히 신학계는 동성애 옹호세력에 점령당한 교육 현장에서 강자의 눈치를 보면서 포퓰리즘에 영합하거나, 신성모독 수준으로 음란하게 성경을 해석하는 퀴어 신학에 예언자적 비판의 목소리를 내지 못해왔다. 반동성애 사역에 순교를 각오하고 헌신하는 평신도들과 사생결단으로 동역하는 목회자들은 신학자들이 교리를 굳건히 세워 영적·사상적 전쟁을 견인해 주길 기대하지만, 사실상 그 기대에 부응하지 못하고 있다. 이제 퀴어 신학의 이단성 논의 문제는 더 이상 지체할 수 없는 국면에 접어들었으므로 위중한 문제의식 속에서 퀴어 신학의 이단성을 규명해야 할 것이다. 퀴어 신학의 성경해석은 모든 이단의 성경해석 방식처럼 자신들이 원하는 성경 구절만을 끌어내어 억지 주장에 꿰어 맞추는데, 이것은 퀴어 신학이 다른 이단과 조금도 다르지 않다는 사실을 보여준다. 특히 퀴어 신학이 여타 이단보다 죄질이 훨씬 더 악한 것은, 성결한 하나님의 말씀을 음란한 인간의 말로 치환시킬 뿐만 아니라, 거룩하신 하나님의 존재 자체를 음란한 잡신으로 전락시켜 버리기 때문이다.

퀴어 신학은 하나님의 거룩한 신성을 모독함으로써 명백히 성령 훼방죄에 상응하는 죄악을 범한다는 것이 필자의 진단이다. 퀴어 신학을 이단으로 정죄하는 문제에 대해 많은 이들이 용단을 내리지 못하는 상황인데, 이단적이고 포르노그래피적인 퀴어 신학은 신학적 대화의 상대로 대우할 수 있는 정상적 신학이 아닌 철저히 분석한 후 폐기해야 하는 신학이라고 보는 게 옳다.[149] 만약 우리가 예수 그리스도를 게이로 가정하고 성경의 근본을 뿌리째 뒤흔드는 참람한 신학을 이단적이라고 정죄할 수 없다면, 과연 어떤 신학을 이단으로 정죄할 수 있으며 대관절 이단 판정 기준을 어떻게 정할 수 있겠는지 한국 교계 및 신학계가 심각하게 고민할 일이다. 그리스도의 구속사와 관련된 핵심 교리를 왜곡시키는 것이 바로 이단일진대, 퀴어 신학은 이단으로 정죄 받아야 마땅할 것이다. 퀴어 신학은 정통교리를 외설적으로 재해석하여 교회의 순결성에 치명적 위해를 가함으로써, 기독교 역사상 등장했던 그 어떤 이단들보다 더 사악하게 기독교 신앙을 훼손하기 때문이다.

2006년 영국에서 발행된 <퀴어성경 주석> *Queer Bible Commentary* 의 한국어 번역이 마침내 출판되었다.[150] 이 주석은 성경 66권을 모두 동성애적 관점으로 재해석함으로써 성경의 본질을 근본적으로 훼손했다는 지적을 받는 책이다. 퀴어 주석 한글판이 보급되어 퀴어적 해석이 일반화되고 상당수 그리스도인들이 정통신학을 의문시하고 퀴어 신학에 함몰된다면, 퀴어 문화를 중심적 가치로 내세운 교회들이 우후죽순처럼 등장할 것이다. 그렇게 되면 성경적 윤리관과의 강한 충돌과 혼란으로 이어질 위험성이 매우 농후할 뿐만 아니라, 성경적 가치관을 지키려는 교회와 성도들이 사회적·문화적·제도적으로 공격당할 수 있다는 우려의 목소리가 높다.[151] 현 시대의 기류는 성윤리 해체-가정 해체-기독교 해체를 넘어 교회 해체-성경 해체를 향해 나아가는 도상에 있다. COVID-19 팬데믹 사태 속에서 우리는 교회가 공권력에 의해 해체될 수도 있음을 이미 경험한 바 있다. 특히 직시할 현실은 젠더 정책(대표적: 차별금지법 및 평등법)이 법제화되면, 동성애를 죄로 규정한 성경을 개정해야 한다는 문제 제기가 일어날 것이고, 종국적으로 성경이 해체되는 사태에 직면할 수도 있다.

무엇보다도 최근 몇 년간 한국의 대표적 신학교육 현장에서 일어난 일련의 친동성애적 행보들은 문제의 심각성을 여실히 드러낸다. 이러한 현실은 퀴어 신학의 폐해로부터 신학도들을 보호해야 할 책임적 과제를 부과한다. 그러므로 한국 교계와 신학계는 하나님의 거룩한 신성을 모독하는 퀴어 신학의 이단성에 대해 단호한 입장 표명과 대책 마련을 서둘러야 할 것이다. 퀴어 신학에 대한 비판과 함께 신학교육을 점검해야 하는데, 퀴어 신학 자체가 잘못된 신학교육의 결과물이기 때문이다. 이를 통해 예비 성직자들이 올바른 신학교육을 받음으로써 인류 문명사적 위기에 봉착한 이 시대를 하나님의 진리의 영으로 선도할 수 있어야 할 것이다. 또한 이 땅의 미래 세대에게 인류가 반드시 사수해야 할 숭고한 가치체계와 건전한 문화유산, 무엇보다도 신실한 신앙 전통을 물려줄 수 있어야 할 것이다. 그리하여 이들이 올바른 가치관과 신앙관을 가진 건전한 사회인이자 신실한 신앙인으로 자랄 수 있는 환경을 조성해야 할 것이다. 이러한 문제 상황 속에서 한국 교계와 신학계는 동성애를 신학적으로 정당화하는 퀴어 신학을 교리적으로 연구하여 이단으로 정죄함으로써 신학계를 새롭게 정화할 뿐만 아니라 신학교육의 갱신에 힘써야 할 것이다.

QUEER THEOLOGY

퀴어 신학의 이단성

이상원

들어가는 말

퀴어 신학(Queer Theology)은 이단인가? 어떤 신학이나 교파가 윤리적인 문제를 드러내고 있다든지, 사회에 어떤 물의를 일으켰다든지, 심지어 성경본문에 대한 해석상의 차이를 드러냈다는 사실은 건덕(建德)상으로나 신학적으로 비판할 수 있는 근거는 될 수 있으나, 이단으로 정죄할 수 있는 근거로는 부족하다. 이단 규정을 위해서는 기독교의 정체성을 규정하는 핵심적인 기독교 교리들과 삶의 원리들, 그 가운데서도 특별히 하나님의 본질과 존재방식에 관한 인식에 있어서 심각한 왜곡이 분명하게 드러나야 한다.[153] 예를 들어서 주후 325년 니케아 공의회는 양자론을 주장하여 삼위일체 하나님의 본질에 대한 이해를 왜곡시킨 아리우스를 이단으로 정죄하였고, 451년 칼케돈 공의회는 성자 하나님의 신성과 인성의 관계에 대하여 왜곡된 해석을 제시한 네스토리우스를 이단으로 정죄하였다.

퀴어 신학을 이단으로 규정한다는 말은 퀴어 신학이 이해하는 기독교 교리와 삶의 원리 특히, 하나님의 본질과 존재방식에 관한 이해 안에 기독교의 정체성을 무너뜨릴 수 있는 심각한 왜곡이 있다는 것을 의미하는데, 그것이 사실인가? 이 질문에 대해서 필자는 "사실이다"라고 분명히 답하고자 한다. 실제로는 사실 그 이상이다. 역사적으로 등장한 이단들의 특징은 초월적인 기독교 교리들을 합리적으로 무리하게 설명하려고 시도하다가 잘못된 길에 접어 든 경우가 대부분이었다. 그러나 퀴어 신학은 이 정도에서 머무르지 않는다. 퀴어 신학은 하나님이 정해 주신 성 질서를 악의적으로 거스르는 음란한 성적 관행인 동성 간의 성교를 정당화하기 위하여 하나님 자신을 동성애자로 묘사하고 있을 뿐만 아니라 음란한 성행위를 자행하는 주체로 대담하게 제시한다. 역사상 등장한 어떤 이단도 이처럼 하나님을 성적으로 음란한 본성을 지니고 또한 음란한 행동을 일삼는 외설적인 하나님으로 대담하게 묘사한 경우는 없었다. 퀴어 신학의 신관은 역사상 등장한 이단의 차원을 넘어서서 신성모독에 해당하는 내용들을 담고 있다.

필자는 이 글에서 먼저 퀴어 신학의 정의를 간략하게 소개하고, 이어서 퀴어 신학의 방법론과 철학적 배경을 개관한다. 본론에서는 퀴어 신학의 신론에 논의를 집중하되 퀴어 신학의 삼위일체론 곧, 성부 하나님, 성자 하나님, 성령 하나님에 관한 퀴어 신학의 주장을 소개하고 비판한다. 이 비판을 통하여 필자는 퀴어 신학은 기독교 신학의 신론에 심각한 손상을 가함으로써 이단성을 명확히 드러내고 있을 뿐만 아니라 하나님을 자신이 계시한 도덕법의 명령을 스스로 범하고 성적인 불륜을 자행하는 신으로 묘사함으로써 참람한 신성모독성까지도 드러내고 있음을 보여 줄 것이다.

I. 퀴어 신학의 정의, 방법론 그리고 철학적 배경

1. 퀴어 신학의 정의[154]

퀴어(queer)는 문자 그대로 "낯설고 이상한"이라는 뜻을 지닌다.[155] 퀴어 신학에 따르면 정통 기독교는 평범한 상식을 가진 사람들의 눈으로 보았을 때 "낯설고 이상한" 성격을 가진 신학적 주제들을 신학의 중심주제들로 채용했다. 예를 들어서 동정녀 탄생은 평범한 생물학적 상식을 가진 사람들이 볼 때 낯설고 이상한 현상일 수밖에 없지만 신학의 중심주제가 되었다. 삼위일체가 한 분 하나님이시면서 동시에 세 위격으로 존재한다는 것이나, 예수 그리스도 안에 신성과 인성이라는 대립적인 본성들이 함께 있다는 것이나, 한 사람의 죽음이 많은 사람들을 구원하는 효력이 있다는 말이나, 생물학적으로 죽어서 해체되어 버린 사람이 다시 살아난다는 것이 모두 합리적인 사람들의 눈으로 볼 때는 낯설고 이상한 것들인데, 이것들이 모두 신학의 중심주제들이 되었다. 이와 같은 정통신학의 특성을 고려할 때 낯설고 이상한 것들이 신학의 중심을 차지하는

것은 당연한 일이다.[156]

그런데 정통 기독교는 자신들의 관점과는 다른, 자신들에게 낯설고 이상하다고 여겨지는 관점을 가진 자들에 대하여 "자신들의 관점과 다른 관점을 가진 자들을 정상이 아닐 뿐만 아니라 기괴한 것이고, 병든 것이며, 비정상적인 것"[157]이라고 하면서 오히려 신학의 중심부로부터 변두리로 쫓아내 버리고 억압했는데, 이와 같은 정통 기독교의 태도는 모순이라고 퀴어 신학은 말한다.

여기서 퀴어 신학이 말하는 낯설고 이상한 것은 동성애 그리고 동성애와 관련되어 나타나는 유동적인 성인식 등을 포괄적으로 뜻한다. 퀴어 신학에 따르면 정통 기독교는 동성애를 낯설고 이상한 것으로 인식하고 모독하고 억압해 왔지만, 실상은 기독교 신학 자체가 낯설고 이상한 것이기 때문에 낯설고 이상한 동성애는 기독교신학의 본질을 바르게 파악하고 있는 것이요, 따라서 동성애는 신학의 중심부를 구성해야 한다는 것이다. 퀴어 신학은 정통신학의 중심 주제들에 대한 재해석을 통하여 원래 신학의 중심부가 지니고 있는 낯설고 이상한 것들을 찾아내어 정통신학의 중심부를 채움으로써 낯설고 이상한 것을 억압으로부터 해방시키기 위한 신학적이고 이념적인 근거를 마련하려고 한다. 이들의 시도는 동성애를 정당화하는 새로운 신학을 수립하고자 하는데 그 목적이 있다.[158]

2. 퀴어 신학의 신학적 방법론

퀴어 신학은 현대 신학의 한 분파로서 현대 신학이 채용한 방법론을 공유한다. 여기서 말하는 현대 신학은 현 시대에 등장한 모든 신학 체계를 뜻하는 것이 아니라 프리드리히 슐라이에르마허(Friedrich D.E. Schleiermacher)가 채택한 신학적 방법론을 따르는, 슐라이에르마허 이후의 특정한 신학적 전통을 뜻한다.[159] 슐라이에르마허가 채택한 신학적 방법론은 무엇인가? 슐라이에르마허는 임마누엘 칸트(Immanuel Kant)의 비판철학의 영향을 받아 성경의 초월적인 내용을 받아들이려고 하지 않는 새로운 청중을 잃지 않기 위하여 청중에게 아부한다. 그 방법은 성경에 있는 초월적인 내용들과 이 내용들을 담고 있는 핵심적인 기독교교리들을 청중들의 비위와 기호에 맞추어서 재구성하거나 아니면 폐기시키는 것이다. 이 과정에서 성경의 진리들과 정통적인 기독교교리의 내용이 심각하게 훼손되어 기독교의 정체성에 큰 손상이 초래되었다. 이 방법론은 슐라이에르마허의 충실한 제자들인 구자유주의 신학자들, 구자유주의 신학을 비판하고 나선 신정통주의 신학자들, 정치신학을 표방하고 나선 급진적인 신학자들, 그리고 최근의 과정신학자들과 물리신학자들에게까지 일관성 있게 관통한다. 퀴어 신학도 이 전통에 속해 있다.

퀴어 신학은 새로운 현대 사조들 가운데 특히 성윤리에 있어서의 새로운 사고방식의 틀 안에서 기독교 교리를 재해석한다. 여기서 말하는 새로운 사고방식은 젠더개념과 성해방인식을 뜻한다. 젠더개념은 성은 생물학적으로 고정된 것이 아니라 인간의 주관적인 인식에 따라 바뀔 수 있는 유동적인 것이라는 성별관을 뜻한다. 성해방 인식은 성관계는 남성과 여성 사이에서 이루어져야 하며, 그 합법적인 무대는 결혼제도라고 인식해 온 전통적이고 기독교적인 이성애적인 질서를 거부하고, 성관계는 이성이든 동성이든 상관없이 가능한 것이며, 결혼이라는 제도에 구애될 필요가 없다는 인식을 뜻한다. 요약하면 퀴어 신학은 기독교 교리들을 성애적 관점에서 재해석한다.

3. 퀴어 신학의 종교적, 철학적 배경

고대 희랍철학과 탄드라교는 성의 유동성 개념에 근거한 남녀 양성자를 이상적인 인간으로 제시했다. 플라톤(Plato)은 그의 작품 <향연> *Symposium* 에서 아리스토파네스의 말을 빌려 과거 한 때 인류는 남녀 양성자로 존재했다는 주장을 전개했다. 이 남녀 양성자는 둥근 모양이었으며, 네 개의 팔과 다리, 두 개의 얼굴과 귀를 가지고 있었다. 이들은 힘이 막강했는데, 그 힘으로 신들을 공격했다. 공격을 받은 신은 공격한 인간에 대한 형벌로서 인간들을 두 쪽으로 갈라놓았다. 그 이후 인간은 불완전한 남자와 여자로 존재하게 되었으며, 잃어버린 전체성을 향한 끊임없는 욕구를 가지게 되었다. 플라톤은 인간의 성은 유동적인 것이며, 동성애는 이성애보다 존재적인 의미에서나 도덕적인 의미에서 우월하다고 인식한다.[160]

7세기 경 힌두교와 불교계 안에서 등장하여 티베트 고원지대까지 퍼진 탄드라교는 신을 본질상 양성적인 존재로 이해한다. 남성성(쉬바)은 적극적이고 활발하며 전기적(electric)이고, 여성성(샤크티)은 소극적이고 부정적이며 자기적(magnetic)이다. 성교를 통하여 남성성이 여성성에 귀착하고 여성성이 남성성에 귀착하여 상반된 것들이 자연스럽게 끌리며, 조화롭게 연합되어 양성이 하나로 융합된 완전함에 이르게 될 때 고차적인 존재의 영역 곧, 신의 영역에 이르게 된다.[161]

근대에 들어와서 성의 유동성 개념의 사상적 틀을 마련한 철학자는 칸트였다. 칸트는 그의 순수이성비판을 통하여 이성을 통해서는 본체계를 인식할 수 없다는 결론을 내렸는데, 이 결론의 의미는 인간의 삶의 영역으로부터 하나님을 더 이상 고려할 필요가 없으며, 모든 것을 하나님 없이 자율적으로 다루겠다는 것이다. 삶의 영역으로부터 하나님이 축출되자 자율적이고 인간중심적인 사고와 삶이 전개되었고, 절대적이고 보편적인 진리나 규범은 설 자리를 잃었다. 이성을 따라서 사고하고 생활하던, 감정을 따라서 사고하고 생활하던, 심리적 기전을 따라서 사고하고 생활하던, 실존적 상황에 따라서 사고하고 생활하던, 아니면 집단의 이익에 따라서 사고하고 생활하던, 더 이상 절대적이고 보편적인 질서와 규범은 말할 수 없게 되었다.

게오르게 빌헬름 프리드리히 헤겔(George Wilhelm Friedrich Hegel)은 이성이 보편적이고 절대적인 진리의 인식주체로서 심지어 이성 그 자체가 신이라고까지 주장하면서 이성적 사유를 통하여 통합적이고 절대적인 진리와 규범을 인식할 수 있다고 큰소리쳤다. 그러나 그는 정(正)의 명제와 반(反)의 명제의 변증법적 통합에 궁극적으로 실패함으로써, 이성을 통해서 보편적 진리를 발견하는 것이 불가능함을 드러냈다.[162]

헤겔을 정면으로 뒤집어엎은 죄렌 키에르케고르(Søren Kierkegarrd)는 헤겔의 무모함을 꿰뚫어 보고 비이성적인 실존적 순간의 한계체험에서 진리와 규범을 찾고자 했다. 그 결과 절대적이고 보편적인 진리와 규범을 말할 수 없다는 것이 공식화되었고, 모든 것은 실존의 경험에 따라서 가변적인 것이 되고 말았다.[163] 키에르케고르의 실존주의는 칼 야스퍼스(Karl Jaspers), 장 폴 사르트르(Jean-Paul Sartre), 논리실증주의, 칼 바르트(Karl Barth) 등을 통하여 계승되었다.

영국의 직각론자(intuitionists)들은 진리와 도덕적인 선은 직관을 통하여 파악하는 것이라고 보았고, 정서론자들(emotivists)은 직관은 곧 감성의 문제이므로 인간의 주관적 감성 또는 감정을 즉흥적으로 파악하는 것이 곧 진리이고 도덕적인 선이라는 주장을 전개했다.[164] 인간의 감성(emotion)이 진리와 규범의 형성 주체라면 더 이상 보편적이고 절대적인 진리와 규범은 찾을 수 없다.

칼 마르크스(Karl Marx)는 윤리적 기준은 행위자가 속한 계급에 의하여 결정된다고 보았다. 규범체계는 정치적 운동의 도구로서 계급의 이익을 증진시키는 것을 목표로 한다. 따라서 부르조아 계급의 윤리와 프롤레타리아 계급의 윤리는 다르며, 계급의 이익이 변하면 윤리적 기준도 변한다. 오늘 선한 것이 내일 악이 될 수 있다. 마르크스에게 있어서 객관적인 윤리적 바름이란 없다. 윤리체계는 정치적 운동의 도구이자 계급이익의 도구일 뿐이다.[165]

19세기에서 20세기 전반기에 이르기까지 사고와 삶의 영역으로부터 하나님이 배제되었는데, 그 결과 절대적 진리와 규범이 일상의 삶의 영역으로부터 퇴출되었다. 사람들은 하나님과 절대적 진리와 규범이 자리 잡았던 빈 자리에 탐욕을 신격화하여 올려놓았다. 신격화된 탐욕은 사회윤리적 실천현장인 정치 및 경제구조의 영역에서는 경제적 이익의 무절제한 추구로 나타났고 개인 윤리적 실천 현장에서는 무절제한 성의 추구로 나타났다. 그리고 이 두 영역은 긴밀하게 맞물리게 되었다.

정치적이고 경제적인 구조의 측면에서 볼 때, 이 시기는 산업혁명 이후 급격한 공업화와 대량생산이 이루어져 폭발적인 경제발전과 생활의 편의가 대폭 향상된 시기였다. 이와 동시에 부(富)가 부유한 자본가들에게 편중되고 가난한 노동자들이 부의 향유로부터 소외되어 사회구조의 양극화와 두 계층 간의 갈등이 심화된 시기이기도 했다. 마르크스는 혁명을 통하여 자본주의 사회를 무너뜨리고 공산주의 사회 곧, "능력만큼 일하고 필요한 만큼 가져가는 사회"의 건설을 시도했다. 그러나 유럽에서는 20세기 초반에 이미 치열한 논쟁을 통하여 마르크스가 이룩하고자 하는 사회는 그의 지나친 낙관적인 인간관 때문에 실패로 끝날 수밖에 없다는 사실이 여실히 드러남으로써, 마르크스주의는 유럽에 뿌리를 내릴 수 없었다.

그러나 마르크스주의에 중독된 유럽의 좌파 지식인들은 마르크스주의를 포기할 수 없었다. 이들에게 새로운 출구를 열어 준 것은 무절제한 성을 추구한 성도착자 마르키 드 사드(Marquis de Sade), 그리고 처제와 성관계를 맺고 마약에 중독된 상태로 하루에 20개씩 시거를 피워대면서 성적으로 방종한 생활을 자행한 지그문드 프로이트(Sigmund Freud)의 성심리학이었다. 좌파 지식인들은 마르크스주의로부터 터득한 혁명 전략을 기독교의 이성애적 규범으로부터 해방된 무규범적인 성해방 사회를 추구하는 일에 적용하였다.

마르크스주의와 성해방을 연결시킨 선두 주자는 프로이트가 설립한 정신분석학회에서 활동했던 빌헬름 라이히(Wilhelm Reich, 1897-1957)였다. 라이히는 14세 때 어머니가 자살하고 아버지가 우울증을 앓다가 죽고 본인은 세 차례 결혼을 했으나 모두 이혼으로 끝나는 불행한 삶을 살았다. 라이히는 건강유지와 혁명시민으로서 계급 없는 사회 건설을 위해서 주3회 오르가즘이 필요하다는 오르가즘 이론을 주장했다. 라이히에게 있어서 오르가즘을 느끼는 방법론 - 자위던, 파트너 교환이던, 동성 간이던, 이성 간이던 - 은 중요하지 않았다. 오르가즘을 느끼기 위하여 전통적인 가족은 해체되어야 하고 어린이들을 성애화시켜서 부모와 관계를 끊어 놓아야 한다. 그리하여 사람들이 아무런 제약 없이 성적 욕망을 충족시킬 수 있도록 하게 되면 인생의 모든 재앙이 사라질 것이라고 보았다.[166]

알프레드 킨제이(Alfred Kinsey)는 곤충학자이자 동성애적인 사도마조키스트였으며 통계자료를 자유롭게 위조하는 사기행각을 벌인 인물로서 아이들을 유아기부터 오르가즘을 느낄 수 있도록 해야 한다고 주장했다. 킨제이는 혼전 성관계, 이혼, 동성애, 포르노 관찰 등을 정상적인 성 관습이라고 강변했다.[167]

킨제이의 후계자였던 존 머니(John Money)는 미국 존즈 홉킨스 대학교의 정신과 의사로서 1960년대에 성정체성 클리닉을 운영하였다. 머니는 인간이 자신의 성을 자유롭게 선택할 수 있다는 젠더 이데올로기(gender ideology)의 확립에 결정적인 역할을 했다. 그런데 성별의 자유로운 선택을 주장하게 된 의도는 자신의 성전환수술 실패를 합리화하려는 것이었다. 머니는 쌍둥이 남아들 중 한 명인 브루스 레이머의 포경수술을 하다가 실수로 레이머의 성기를 심각하게 훼손했는데, 수술 실패를 위장하기 위하여 아예 성전환수술을 해버린 후 치료에 반항하는 아이를 10년간 여자 아이로 살 것을 강요했다. 아이는 13세 때 남자로 살기로 결심했으나 결국 38세에 자살로 삶을 마감했다. 심지어 머니는 집단 성교와 양성애를 옹호하기도 했다.[168]

실존주의 철학자 사르트르와 계약결혼을 했고 자유연애를 옹호했던 시몬느 드 보봐르(Simone de Beauvoir)는 "여자는 태어나는 것이 아니라 만들어지는 것이다"라는 명제를 제시하면서 여성은 남성에 의해 억압을 당하기 때문에 남성과 동등한 특권을 누리기 위해서는 자신의 여성적 정체성을 부인해야 한다는 논리를 전개했다. 보봐르는 전통적인 성도덕과 결혼, 모성, 가족을 거부하고, 낙태의 인권화를 주장했으며, 직장여성 및 남성과의 권력투쟁을 옹호하는 급진적인 페미니스트의 아젠다를 구축했다.[169]

마르크스주의와 프로이트의 성해방 개념을 본격적으로 융합시킨 것은 막스 호르크하이머(Max Horkheimer), 데오도르 비젠그룬트 아도르노(Theodor Wiesengrund Adorno), 위르겐 하버마스(Jürgen

Habermas), 허버트 마르쿠제(Herbert Marcuse) 등이 주도한 프랑크푸르트 학파의 비판이론에 이르러서였다. 마르쿠제는 쾌락주의 원리에 따라 사는 것이 혁명적 행동이며, 이에 대한 확신을 갖지 못하는 사람은 반동, 보복주의자, 반혁명분자, 더러운 자유주의자, 파시스트라고 비판했다. 프랑크푸르트 학파의 영향으로 베를린의 집단 공동체인 코뮌 I과 코뮌 II에서 해방된 성 – 불특정인과의 성관계, 아이들 앞에서의 성관계, 어른과 아이의 성관계, 아이들까리의 성관계 – 이 실행되었고, 아이들이 탁아소에서 반권위적인 방식으로 양육되었으며, 포르노에 대한 금지가 철폐되고 모든 형태의 성이 광고에서 맹위를 떨쳤다. 프랑크푸르트 학파의 사상적 영향을 받은 68혁명 세대는 정치, 미디어, 법조계, 대학, 교회에서 중요한 자리를 차지했고, 유엔과 유럽의회의 권력을 장악했으며, 사회 전체의 성애화를 통해 성을 규제하는 법을 철폐하고자 했다.[170]

레즈비언이었던 쥬디스 버틀러(Judith Butler)는 성의 유동성을 말하는 젠더이론을 완성했다. 버틀러는 고정된 성정체성 분류는 언어를 통하여 구성된 것이기 때문에 언어에 대한 정치적 변화를 통해 전통적인 성별 질서를 해체할 것을 주장했다. 버틀러에게 있어서 남자와 여자라는 것은 존재하지 않으며, 성별은 환상일 뿐이다. 젠더는 생물학적 성과 일치하지 않으며, 생물학적 성은 언어에 의해 창조된 것으로서 사람들이 지속적으로 들어 온 것을 믿기 때문에 존재하는 것뿐이다. 성정체성은 유동적이고 변하는 것이다. 세상에는 두 개의 성만 있는 것이 아니라 개인의 성적 지향에 따른 많은 성들이 존재한다. 사회의 이성애적 표징은 모든 영역에서 반드시 제거되어야 한다. 남자와 여자, 결혼과 가족, 아버지와 어머니, 성생활과 출산은 자연스러운 것이 아니라 조작된 것이며, 여성 위에 군림하는 남성의 헤게모니와 이성애적 성관계를 공고하게 하는 기재에 불과하다. 따라서 이것은 근본에서부터 파괴되어야 한다.[171]

II. 퀴어 신학의 삼위일체론(1): 성부 하나님

1. 계시론: 하나님의 계시는 하나님의 커밍아웃

퀴어 신학에 따르면, 양동이의 물이 불어나면 자연스럽게 양동이 밖으로 흘러넘치는 것처럼, LGBT가 동성을 향하여 품은 사랑이 성애적 사랑에까지 미칠 정도로 극단적으로 풍부해지고 깊어지면 (극단적인 사랑, radical love, 이하 범신범성적 성애, pantheistic and pansexual sexual love[172]), 외부로 커밍아웃(cumming out)을 하게 된다. 퀴어 신학은 이와 같은 LGBT의 경험을 가지고 하나님의 계시개념을 재해석한다. LGBT의 경험은 하나님의 경험과 질적으로 같은 것이다. 하나님은 사랑이신 바 곧, 인류를 향한 극도로 부요하고 극도로 풍부한 사랑 그 자체이시다. LGBT가 외부로 자기 사랑을 "커밍아웃"하는 것처럼 하나님도 이 범신범성적 성애를 "커밍아웃"하신다. 이것이 바로 하나님의 자기계시다.[173]

LGBT가 "커밍아웃"할 정도로 범신범성적 성애에 들어가는 경우에 LGBT와 다른 사람 사이에 존재하던 경계선이 해소되어 버리는 것처럼, 범신범성적 성애 그 자체이신 하나님의 계시는 신적인 것과 인간적인 것의 경계선을 범신론적으로 허물어 버린다.[174] 강자들과 약자들의 경계선을 허물어 버리시는 하나님의 계시는 약자인 LGBT와 강자인 교회 사이의 경계선을 해체시킨다. 이 계시를 통하여 선포되는 하나님은 "게이 하나님"(gay God)이다.[175]

특히 성전환자의 경험은 인간을 이성애자(heterosexual)와 동성애자(homosexual), 그리고 남자(male)와 여자(female)로 양극적으로 구분하는 전통적인 구분법을 해체하고, 성정체성을 "부정의 미지(未知)의 상태"(a state of apophatic unknowing) 곧, "이성애자인가, 동성애자인가를 최종적으로 알기를 거부하는 상태"(a state of resisting any final knowledge of the polarities of heterosexual and homosexual)로 두는 것[176]이다. 퀴어 신학은 이와 같은 성전환자의 경험을 하나님에게 적용하여 하나님의 계시에 대한 지(知)와 미지의 한계를 철폐해 버린다. 하나님은 모든 제한된 인간의 감각을 넘어서시는 분이기 때문에 끊임없는 "모름"(unknowing)의 과정을 통하여만 알려질 수 있는 분이라는 것이다.[177]

2. 탑(top)의 위치에서 성교에 참여하시는 범신범성적 성애의 하나님

하나님은 누구인가? LGBT가 이성애와 동성애, 남자와 여자의 경계선을 허물어 버릴 정도로 범신범성적 성애를 하는 자들인 것처럼, 하나님은 범신범성적 성애 그 자체로서, 이 사랑은 너무나 강력하여 모든 고정된 경계선을 허물어 버린다.[178] 범신범성적 성애 그 자체이신 하나님은 신과 인간의 경계선, 삶과 죽음의 경계선만 허무는 분이 아니라 성교의 대상을 이성으로 한정하는 경계선과 성별을 남자와 여자만으로 한정시키는 경계선까지도 허물어 버리고 자신을 "유동적인 젠더 감성"(a fluid sense of gender)을 가지고 계시는 분으로 제시한다. 이 감성은 피조계 안에 있는 모든 피조물들 간에 이루어지는 "성애적 우정"(erotic friendship)으로 나타난다.[179]

퀴어 신학은 남성 동성애자들의 성교의 경험을 적용하여 하나님의 속성을 재해석한다. 남성간의 성교를 행할 때 위에서 남자의 역할을 하는 파트너를 "탑"(top)이라고 하고, 밑에서 여자의 역할을 하는 파트너를 "바텀"(bottom)이라고 하는데, 퀴어 신학은 하나님의 전능성(omnipotence)을 성관계에서 "위에서 덮치는"(superimposing) 역할로 해석한다. 여호와 하나님은 하나님과 인간의 경계선을 허물고 다윗과 동성애적인 관계를 가지셨는데, 이 관계에서 위에서 덮치는 "탑"의 역할을 하셨다고 한다. 하나님은 "탑"의 위치에서 이스라엘을 "바텀"의 위치에 두고 덮치는 동성 간의 성관계를 하신다.[180] 퀴어 신학은 성적으로 덮치는 "탑"의 위치에서 인간들과 가학피학적(sadomasochistic) 성관계를 즐기는 색광(色狂)으로 여호와 하나님을 묘사한다.[181]

에이즈로 고통 받는 어떤 퀴어 신학자는 에이즈의 가공할 만한 고통을 이 세상 안에 있도록 허락할 뿐만 아니라 에이즈로 고통 받고 있는 자신들을 보고도 아무런 감정도 느끼지 못하는 하나님의 전능성을 말하는 것은 도로시 죌레(Dorothy Sölle)가 말한 "가학피학적 영성"(sadomasochistic spirituality)에 불과한 것이라고 혹평한다.[182] LGBT에게 흔히 나타나는 "드래그"(drag, 여장남자나 남장여자)의 경험이 하나님의 전능성을 재해석하는 데 적용되기도 한다. 하나님의 전능성이란 하나님이 "자연적"이거나 혹은 "본질적"이라고 생각하시는 속성에 반대하는 분으로 자신을 "위장하는 쇼"(drag show)를 연기하는 수행성(performativity)을 의미한다는 것이다. 따라서 하나님의 전능성은 전성적(omnisexual), 전성별적(omnigendered), 전퀴어적(omniqueer) 특성을 의미하며 "항상 변화하고, 이동하는, 다양하고 복합적인 성전환적인 실재[183]"를 뜻하는 것이다.[184]

3. 삼위일체의 관계는 난교(亂交)와 다자성애

LGBT는 대상을 가리지 않고 복수로 자행되는 난잡한 성교와 다자성교의 경험을 삼위일체 하나님 사이의 거룩한 사랑의 관계를 재해석하는 데 반영한다. 삼위일체는 내재적인 범신범성적 성애의 공동체다. 범신범성적 성애는 삼위의 세 위격이 황홀경의 춤을 추거나 혹은 상호 침투하는 것을 의미한다. 삼위 사이는 "유동성에 기반하여 삼위가 세 방향으로 다자성애를 행하는 관계"(a fluid-bonded polyamorous three-way relationship)다.

　유동성을 특징으로 하는 삼위일체 사이의 관계는 두 당사자 간(binary)의 성관계(자녀출산을 목표로 하는 일부일처제적인 두 당사자 간의 관계)와 성관계가 아닌 관계들(많은 당사자들 사이에서 이루어지며, 배타적인 아닌 우정)의 경계선을 허물어 버린다.[185] 이 말의 의미는 삼위가 이미 두 당사자를 넘어선 세 당사자 간의 관계이므로 삼위 사이에서 다자적이고 자유로운 난교적인 성관계가 가능해진다는 뜻에 다름 아니다.

　퀴어 신학은 삼위 하나님 사이의 관계를 "관능적인 우정"(passionate friendship)이라고 규정한다. 이 관능적 우정은 성관계와 비성관계의 인위적인 경계선을 허물어 버리며, 두 당사자에 기반한, 일부일처적이고, 자녀출산을 목표로 하는 기독교적인 성관계를 대체한다. 그리스도의 몸의 일부인 기독교인들도 삼위 사이에서 이루어지는 난교적이고 관능적인 우정에 참여하도록 부름을 받는다.[186]

　삼위 사이의 관계는 초남성적인 동시에 초여성적이다. 따라서 이 관계는 성전환적이고 "자리바꿈"을 할 수 있는 유동적인 관계다. 삼위의 각 위들은 남성이기도 하고 여성이기도 하며, 또한 "탑"이기도 하고 "바텀"이기도 하다.[187]

　이처럼 퀴어 신학은 삼위일체가 이성애와 일부일처를 비판한다고 보았다. 젠더-유동성과 다자성애적 존재이신 하나님은 "전성적(全性的) 비움"(omnisexual kenosis)의 과정을 통해 두 당사자에 기반한 관계를 허물고 "제한된 다중신실성"(restricted polyfidelity) 곧, 삼위가 삼위 안에 제한된 서로에 대한 신실한 성관계인 난교(orgy)에 들어간다. 그런데 삼위 각자는 자신만의 비밀의 애인들을 대상으로 한 "금지된 욕망"을 숨겨 놓고 있다(예컨대, 예수는 밀회를 즐기기 위한 이성 애인인 막달라 마리아와 동성 애인인 나사로를 숨겨 놓았다). 삼위일체는 두 당사자를 기반으로 한 결혼 및 가정 배우자를 해체하고 다자성애를 위한 모델이 된다.[188]

4. 창조: 하나님의 범신범성적 성애의 쏟아부음

퀴어 신학에 있어서 창조세계는 범신론적으로 하나님 그 자체이므로 하나님에게서 나타나는 남녀의 구별과 두 당사자에 기반한 성교의 벽을 허물어 버린 상태에서 진행되는 하나님의 다자적 난교가 창조세계에도 그대로 나타날 수밖에 없다.

창조세계는 하나님의 "범신범성적 성애의 쏟아 부음"(God's outpouring of radical love)이다. 하나님의 범신범성적 성애의 쏟아 부어짐은 퀴어인들의 일상의 삶 속에 나타난다. 창조는 범신론적으로 그리스도의 몸 그 자체다. 이 몸 안에서 "진화적인 우주적 난교"(evolutionary cosmic orgy)가 벌어진다. 이 몸 안에서 모든 사람들은 성애적으로 관계한다. 이 성애는 당사자가 누구든, 몇 명이든, 남자이든 여자이든 상관하지 않는다.[189]

창조세계에 쏟아 부어진 하나님의 범신범성적 성애는 인간과 다른 동물들과의 구분도 허물어 버린다. 그 결과 성애를 남자와 여자의 관계(아담과 이브)에만 한정시켰던 구별이 허물어지고 남자와 남자(아담과 스티브) 사이에로 확장되며, 동물들 사이에서 관찰되는 동성 간, 그리고 젠더적 다양성 안에서 이루어지는 교미가 인간에게도 나타나 남성간의 성교, 양성적 성교, 성전환적 성교가 허용된다.[190] 하나님이 반드시 세계창조를 하셔야만 하는 필연적인 이유가 없으셨고, 따라서 우주와 인간을 창조하셔야 할 압박을 받지 않았음에도 불구하고 순전한 은혜로 창조하신 것처럼, 인간도 하나님의 형상과 모양을 성취하기 위하여 출산을 해야 할 압박을 받을 이유가 없다. 따라서 결혼은 한 남자와 한 여자에게 제한될 필요가 없다. 출산이 아니라 조건 없이 자기를 주는 사랑이 모든 형태의 헌신적인 관계의 중심을 차지해야 한다.[191]

III. 퀴어 신학의 삼위일체론(2): 성자 하나님

1. 죄: 범신범성적 성애의 거부

죄를 해결하시는 자이신 예수 그리스도는 범신범성적 성애를 회복시키시는 분으로 인식된다. 그러면 퀴어 신학에 있어서 죄는 무엇을 의미하는가? 전통적인 죄론은 죄를 하나님의 명령에 대한 불순종으로 인식하고 있으나, 퀴어 신학에 있어서 죄는 하나님을 대적하는 것 곧, 범신범성적 성애를 거부하는 것을 의미한다. 여기서 범신범성적 성애를 거부하는 것은 성과 성별 정체성을 비롯한 다른 요인들을 구분하는 경계선 허물기에 저항하는 것을 의미한다.[192]

퀴어 신학은 성교의 대상을 남자와 여자의 관계로 한정시키고, 성별을 남자와 여자로 고정시키기를 고집하면서 범신범성적 성애를 거부하는 태도를 본질주의(essentialism)라고 명명한다. 본질주의는 성애를 이성애와 동성애로 구분하는 것이 본질적인 성애의 관념이라고 간주하는 태도를 뜻한다. 성애를 이성애와 동성애로 구분하는 경계선을 허물어서 이 구분을 불안정하게 만들어 버리는 것을 거부하는 것이 죄다. 퀴어적 정체성은 여자와 남자의 전통적인 범주를 해체시키는 것을 뜻한다. 이 전통적인 범주가 인위적으로 구성된(constructed) 것임을 인정하지 않는 것이 본질주의가 범하는 죄다. 이 범주의 본질주의적 성격에 도전하여 새롭게 범주를 구성하는 구성주의(constructivism)가 바로 구원의 은혜다.[193]

2. 예수 그리스도: 자웅동체적 남녀양성자

퀴어 신학에 있어서 예수 그리스도는 범신범성적 성애의 체현(體現, embodiment) 혹은 육화(肉化, made flesh)로 해석된다. 육화된 예수 그리스도는 "경계선을 비범하게 넘나드는 자"(the boundary-crosser extraordinaire)로서, 신적인 경계선, 사회적 경계선, 양성적 경계선, 젠더적 경계선을 가리지 않고 넘나든다. 예수 그리스도의 성육신, 지상사역, 십자가, 부활, 승천에 이와 같은 경계를 넘나드는 자의 특성이 잘 나타난다.[194]

퀴어 신학은 예수님의 성육신이 예수님을 남성과 여성의 신체적인 속성들, 곧 두 성(性)의 생식기 혹은 염색체를 모두 가진 자웅동체 혹은 간성적 존재로 만드는 근거가 된다는 주장을 전개한다. 예수님은 처녀잉태의 결과로 태어나셨기 때문에 예수님의 출생은 생물학적으로 보면 단성생식(單性生殖, parthenogenetic)이라는 것이다. 예수님은 남자에게서 오는 Y 염색체가 없기 때문에 두 개의 X 염색체를 가지고 있는 셈이다. 따라서 예수님은 표현형으로서는(phenotypically) 남성이지만, 염색체상으로는 여성이다.[195] 예수는 남자일 뿐만 아니라 또한 여자이기도 한데, 그렇기 때문에 예수는 "완전한 인간"이다.[196] 예수님은 동정녀 마리아의 자궁에서 태어나신 아들이지만 가족관계라는 경계선을 허물고 어머니 마리아의 "유아 배우자"(infant spouse)로서 단지 마리아의 아들일 뿐만 아니라 어머니 마리아의 예비 연인, 배우자, 남편이 되어 근친간의 성애를 나눌 자로 묘사된다.[197]

예수님의 지상사역은 범신범성적 성애의 체현이자 "경계선 넘나듦"이다. 예수님은 종교적이고 사회적인 경계선을 해체시키셨을 뿐만 아니라 성적인 경계선 곧, 이성애자와 동성애자의 경계선도 해체시키셨다. 남성과 여성 간에 이루어지는 양성적 성관계는 자연적인 관계가 아니라 일종의 사회적 구성물(a social construct)이다. 치약뚜껑을 덮어 놓는가, 아니면 열어 놓는가, 화장지를 굴림쇠의 위로 나오도록 해 놓는가, 아니면 아래로 나오도록 해 놓는가가 자연스러운 현상이 아니라 사회적인 구성인 것과 같은 이치다.[198]

퀴어 신학은 예수 그리스도께서 남자와 여자에게 동시에 양성애적으로 끌리셨다고 하면서 예수님이 베다니에서 마르다, 마리아, 나사로와 관계하신 사건을 예로 든다.[199] 예수 그리스도는 양성적-성전환적 인간으로서 사도 요한과 동성 간의 성교를 가지시는 동시에 막달라 마리아와는 이성애적 성교를 가지셨고, 범성적(pan-gendered)이고, 만능성애적인 (omni-erotic) 성령과도 성관계를 가지셨다는 것이다.[200] 예수는 인간의 언어의 한계 안에 갇히지 않으신다. 예수는 소위 "영광스러운 모호함"(glorious ambiguity)을 받아 들여 자신을 단순한 법전적인 의미에서 게이나 이성애자의 어느 한 범주로 간주되는 것을 거부한다. 예수는 남성 동성애자(gay), 이성애자(straight), 여성 동성애자(lesbian), 양성애자(bisexual), 삼성애자(三性愛子, trisexual) 등 사이에서 자유롭게 위치를 바꾸신다. 예수의 성생활에 대한 기술을 습득하기를 원한다면 자위행위나 근친성교를 해 보면 된다. 양성애적-성전환적인 그리스도는 대부분의 교회에게는 너무나 낯선 존재(queer)이지만 퀴어인들에게는 너무나 기독교적인 존재다.[201] 퀴어 신학은 마가복음 14:51-52에 등장하는 벌거벗은 젊은이가 예수의 동성 연인이었다고 주장한다.[202]

퀴어 신학은 "남자나 여자나 다 그리스도 예수 안에서 하나이니라"는 갈라디아서 3:28 말씀을 성전환자이신 예수 그리스도께서 남자와 여자의 경계선을 해체한 본문으로 해석한다.[203] 예수님은 이성의 옷을 즐겨 입는 복장도착자(transvestite)로서 고정된 성별을 말하는 본질적 범주에 매이기를 거부하시고 젠더범주의 구성화된 본질을 분명하게 드러냈다고 주장하기도 한다.[204]

퀴어 신학은 예수님이 간성적 존재라는 사실을 보여주는 증거로서 이브가 아담의 옆구리에서 나온 것처럼 십자가 위의 예수님의 옆구리에 찔려 난 상처를 예수의 신부를 낳는 "여성성기"(female genitals)로 간주하는 동방정교의 해석을 가져 온다. 예수님이 십자가 위에서 죽으실 때 "그 몸이 성상화(iconicity) 속으로 빨려 들어가서 유동하는 대상지시기호(floating signifier)가 되어 모성적인 몸(maternal body)을 표현한다."

그러면 예수님의 몸의 어떤 부분이 무엇을 지시하는가? 예수님의 옆구리가 창에 찔려서 상처가 나고 피와 물이 나왔는데(요 19:34), 이 상처는 곧 여성의 자궁이고 이 상처에서 흘러나오는 액체는 곧 여성의 성기에서 흘러나오는 액체이며 또한 젖이다. 이처럼 남성성과 여성성을 자웅동체로 지니고 계신 예수님은 십자가의 죽음에서는 여성으로 전환되신다. 간성이신 그리스도는 남성인 동시에 여성 곧, 양성을 모두 갖추고 있는 존재이기 때문에 완전한 하나님의 형상을 지닌 인간이다.[205]

퀴어 신학은 예수님의 부활사건을 성별을 완전하게 재규정하는 수술이라는 관점에서 해석한다. 예수님의 몸은 부활을 통하여 "다성적인 몸"(multi-gendered body)이 된다. 그리스도의 다성적인 몸 안에 있는 성도들도 투과적이고, 범신체적이고, 자리바꿈이 가능한(permeable, transcorporeal, and transpositional) 몸이 된다. 자리바꿈은 남성성과 여성성이 뒤바뀐다는 뜻이다. 예수님의 몸은 이성애를 드러내기도 하고, 동성애를 드러내기도 하는 등, 성의 구별을 넘어서는데, 예수님의 성정체성은 어떤 사람과 관계하는가에 따라서 바뀔 수 있다. 예컨대 요한복음 20장 17절에서 막달라 마리아가 부활하신 예수님을 만나 대화하고 예수님을 붙들려고 시도한 행동은 남성의 입장에 서신 예수님과 막달라 마리아가 이성애적인 사랑을 주고받은 사건이며, 요한복음 20장 27절에서 도마가 예수님의 옆구리에 난 창에 찔린 상처에 손을 넣는 사건은 예수님이 여성의 입장에 서서 도마와 더불어 동성애적인 사랑을 주고받은 사건이다. 성전환자들은 자신들의 일부가 죽고 새로운 성별로 재탄생할 때 "부활의 감성"을 느끼게 되는데, 이 같은 과정을 통하여 부활에 참여한다. 성별이 재규정된 성전환자들은 예수님처럼 "같으면서도 다른" 자가 된다. 성전환자들은 죽지 않으면서도 전적으로 다른 존재로 되돌아 온다. 변형되고 부활한 성전환자들은 어느 한 성별로 쉽게 범주화되지 않는다.[206]

3. 구속: 범신범성적 성애를 통한 희생양삼기를 끝내기

퀴어 신학은 예수 그리스도의 대속의 죽음을 인류의 죄를 대신 지시고 죽으신 대속의 죽음이 아니라 궁극적인 희생양의 죽음으로 해석한다. 예수 그리스도께서 부활하셨다는 것은 사회 안에 있는 내부자들이 무고한 외부자들을 제거하는 "희생양 삼기 장치"(scapegoating mechanism)를 단호히 거부하는 것을 의미한다. 퀴어 신학은 구태의연한 성별규범 안에 안주하고자 하는 비LGBT들이 성과 성별의 경계선을 허물고자 하는 LGBT들을 밀실에서 살도록 강요하거나 서품을 거부하거나 교회의 지도자 역할로부터 배제하는 등 희생양 삼기를 할 때, 이 희생양 삼기를 종결시키고 성과 성별의 양극적 경계선을 허무는 것이 구속이라고 해석한다.[207]

Ⅳ. 퀴어 신학의 삼위일체론(3): 성령 하나님

1. 성령: 범신범성적 성애로 인도하는 보혜사

　퀴어 신학에 의하면 LGBT에게 있어서 범신범성적 성애로 돌아가는 것이 성화(sanctification)인데, 성령은 성화를 도와주는 보혜사(paraclete)다. 성령은 우리와 하나님, 그리고 우리와 이웃 사이에 놓인 모든 경계선들을 허물면서 범신범성적 성애라는 최종 목적지로 돌아가도록 사람들을 안내하는 옛날의 자석 나침반 혹은 현대의 위성위치 추적장치(GPS<global positioning system> device)와 같다.[208]

　LGBT인들은 실내 공간 안에 퀴어인이 있을 때 이 퀴어인이 특별한 말을 하지 않아도 무언 중에 자신이 퀴어인임을 드러내는 신호를 능숙하게 감지하는 "게이다"(gaydar, gay와 radar의 합성어)라고 농담조로 호칭한다. 성령은 게이다와 같이 LGBT인을 감지해 낸 다음에 범신범성적 성애로 이끌어 간다. 범신범성적 성애에 들어가면 깊은 기도 안에서 하나님을 향하는 욕구와 성욕 안에서 타인을 향하는 욕구가 연결된다. 기도하는 가운데 자신에 대한 통제를 성령에게 맡기는 것은 인간의 성욕이 황홀경에 들어가는 것과 밀접한 유사성이 있다는 사실을 알게 된다. LGBT인이 해변에 있는 익명의 사람과 성관계를 가지면서 짙은 오르가즘을 느끼는 순간에 말로 형언할 수 없는 방언의 은사가 시작되어 성적 경험과 기도생활을 구분할 수 없게 되며, LGBT인과 하나님 사이에 은밀한 교제가 이루어지며, 성령은 일종의 "낯선(queer) 강력 접착제가 되어 분리되어 있던 사람들을 범신범성적 성애 안에서 붙여놓는다."[209]

퀴어 신학은 성령이 LGBT를 범신범성적 성애로 인도하는 과정에서 사람들을 분리해 놓은 각종 장벽들을 허물어 버린다고 다음과 같이 주장하기도 한다.

첫 번째 허문 장벽은 성과 교회 사이의 장벽이다. 남성 동성애자라는 이유로 오순절 교단으로부터 추방된 토리 페리(Tory Perry)목사가 설립한 MCC(the Metropolitan Community Churches, LA)가 그 예다.[210]

두 번째 허문 장벽은 성에 관한 사적 담화와 공적 담화의 장벽이다. 사회는 반규범적인 성행위들에 관한 담화를 사적 영역에 가두어 놓았다. 성령은 LGBT들이 숨어 있는 밀실을 허물고 자유롭게 "커밍아웃"하도록 이끈다. 1969년의 스톤월 폭동은 성적 담화와 관행을 사적인 영역과 공적인 영역으로 나누어 놓았던 벽을 허물어 버린 대표적인 사건이다. 스톤월 폭동이 일어난 당일 저녁 성령은 스톤월 여관 안에 있는 "여장을 한 남성 동성애자"(drag queens)와 "남장을 한 여성 동성애자"(bulldykes) 사이에서 일하셨으며, 이들에게 능력을 부어 게이바의 은밀한 문화공간을 빈번하게 급습해 온 경찰에 공개적으로 대항하고 싸워 물리치게 했다.[211]

세 번째 허문 장벽은 통일성과 다양성 간의 장벽이다. 오순절 사건의 의미는 LGBT인들이 성령의 부르심을 받고 이성애(異性愛)적 규범적 관계에 저항하고, LGBT 다양성을 경축한 데 있다. LGBT 다양성은 그 구성원에 있어서 남성 동성애 성인 시민들, 퀴어 젊은이들, BDSM(bondage<끈으로 묶어 놓고 성관계를 함>, discpline<때리면서 성관계를 함>, and sadomasochism<가학피학성 성교>) 가죽 공동체, 여장남자 공동체가 모두 포함되며, 장소에 있어서 술집, 목욕탕, 여성전용방, 열두단계그룹방, 회당, 교회, 회교사원, 애쉬람(ashram, 힌두교의 암자), 섹스 클럽, 로데오, 독서회, 카페, 대학 강의실, 신학교 강의실 등이 모두 포함된다.[212]

네 번째 허문 장벽은 법과 무법의 장벽이다. 성령의 "통제를 받는 것"은 불법을 자유롭게 행할 수 있는 반율법주의 면허증을 받는 것을 의미한다.[213]

2. 교회: 범신범성적 성애의 외적 공동체

교회는 성령의 사역으로서 신령한 몸(고전 15:44)이다. 교회는 범신범성적 성애의 외형적 공동체다. 동성혼과 젠더적으로 다양한 결혼, 근친적 동반자들, 다자성애적 관계들, 더 넓은 우정망 등과 같은, 퀴어인들이 만든 선택된 가족들은 많은 성관계들, 성별들 그리고 인종들로 구성된 하나의 몸인 교회다. 이 교회에서는 "남자나 여자나 다 그리스도 예수 안에서 하나이니라"는 갈라디아서 3:28 말씀을 따라서 다양한 성애관계, 성별들 그리고 인종들을 분리하는 장벽들이 허물어진다. 교회는 범신범성적 성애로 돌아가는 한 길이다.[214] 퀴어 신학은 교회의 네 가지 표지들인 통일성, 거룩성, 보편성, 사도성을 퀴어적인 경험에 비추어서 재해석한다.

a. 통일성

통일성을 특징으로 하는 공동체는 역설적이게도 지체들 간의 관계적 구성의 다양성을 인식한다. 기독교인들은 "영구적인 다공성(多孔性, porousness)"의 상태로 부름을 받는데, 다공성이란 자신을 타인에게 개방하는 태도를 가리킨다. 자신을 타인에게 개방하는 하나의 방법은 결혼과 성관계를 통해서다.[215] 새로운 교회론은 교회를 묘사할 때 이성애적 결혼의 비유를 사용하기를 중단해야 한다. 그리스도의 신부라는 표현은 영구적인 소유라는 의미를 내포하고 있어서 관계적 다공성의 특징들과 어울릴 수가 없기 때문이다. 이제 교회는 욕망을 비유로 사용하여 자신을 묘사해야 한다. 욕망은 무엇인가? 욕망은 타인과 끊임없이 친밀해지려는 갈망을 의미하며, 정신적인 우정으로부터 일회성 성관계를 거쳐서 평생의 동반자관계에 이르기까지 무수히 많은 퀴어적 관계들을 열어 놓는다.[216]

b. 거룩성

교회는 하나님과 인간이 만나는 곳 곧, 하나님의 은총이 지상에 나타나는 곳이다. 하나님이 인간에게 은총으로 주신 것을 하나님께 돌려 드리는 것이 거룩성인데, 그 방법은 타인에 대하여 극단적으로 관대함을 베푸는 것이다. LGBT인들에게는 극단적인 관대함이 익명의 성애적인 만남을 통하여 나타난다. 타인을 환영하고 관대함을 베푸는 한, 어떤 성교행위 - 익명의 대상과의 성교이든, 아니면 공동체적 성교이든 - 도 금지되지 않는다. 모든 성별은 무너져서 기독교인 안으로 통합되어 버린다. 퀴어인들은 순회 성 파티, 신체전기자극학교(the Body Electric School)에서의 알몸 성애 마사지, 성교파티를 가리지 않고 다양한 반정통적인 장소들에서 교회의 거룩성을 발견할 수가 있다.[217]

c. 보편성

퀴어 신학은 교회의 보편성을 다양성 안에 있는 통일성으로 정의한다. 교회는 그리스도라는 한 몸이지만 동시에 모든 신자들로 구성되어 있는 바, 이 모든 신자들 안에는 많은 젠더 정체성, 성별, 성행위들이 포함된다고 주장한다.[218]

d. 사도성

퀴어 신학은 사도(apostolos)가 지닌 특수한 의미를 의도적으로 피하고 일반적인 의미인 "보냄을 받은 자"라는 의미만을 취하여 적용한다. 퀴어 신학은 물리적인 공간과 사이버 공간을 허물어 버리는 것이 교회의 소명인데, 이 소명이 유동적인 사이버 공간 안에서 성행위의 유형들, 성별, 계급, 지리적 차이 등을 나누는 언어학적 구분을 비롯한 기타 경계선들이 허물어지는 것으로 나타난다고 말한다.[219]

3. 성례: 범신범성적 성애의 미리 맛보기

퀴어 신학에 있어서 성례는 하나님의 범신범성적 성애와 연합될 때 궁극적으로 만나게 되는 운명을 미리 맛보는 것으로 파악된다. 퀴어 신학에 있어서는 "커밍아웃"이 성례다. 왜냐하면 성례가 물, 빵, 기름 등등을 사용하는 "감각적인 영적인 일"인 것처럼, 커밍아웃은 퀴어인들을 해방시켜서 시각, 소리, 접촉, 미각, 냄새를 통한 다른 퀴어인들과의 진정한 교제를 가능하게 하기 때문이다.[220]

a. 세례

세례는 교회입문예식으로서 옛 생활에 대하여 죽고 새 생활로 거듭나는 것을 상징한다. 퀴어 신학에 있어서 세례는 수세자에게 자신이 현재 속해 있다고 생각하는 범주에 들어가지 말고 그가 전혀 선택해 본 일이 없는 연대성에 근거한 새로운 범주에 속할 것을 요구한다. LGBT인들에게 있어서는 커밍아웃이 곧 세례인데, 왜냐하면 커밍아웃 시에 숨겨왔던 삶이 죽고 새로운 삶이 시작되기 때문이다.[221] 세례를 받을 때 젠더와 생물학적 성의 구분, 그리고 기타 정체성의 표지들이 지워져 버리고 그리스도의 몸의 지체라는 정체성만 남는다.[222]

b. 성찬

퀴어 신학은 로마 가톨릭의 성찬식에서 그리스도의 인격 안에서 행동하는 사제가 빵과 포도주에 축성(祝聖)을 함으로써 그리스도의 몸을 무성적인 몸으로 실질적으로 변화시킨다고 주장한다. 성찬 시에 그리스도님의 몸은 중립적인 형태의 빵으로 변형되고 확장된다. 그리스도의 몸은 더 이상 단순히 그리고 생물학적으로 남성의 몸이 아니다. 더욱이 그리스도의 몸이 교회인 한, 이 몸은 다양한 성, 성별 그리고 기타 정체성들로 구성되는데, 성찬은 이 모든 것들이 궁극적인 것들이 아님을 드러낸다.[223] 성찬 시에 교회는 그리스도의 신부이자 그리스도의 몸으로 스스로를 재구성한다. 다시 말해서 성찬 시에 교회의 구성원들인 신자들의 몸도 그리스도의 몸과 같이 불안전성, 유동성, 전환가능성을 가진 몸이 된다. 성찬은 종말론적인 삶을 예기하는 바, 이 종말론적인 삶에서 인간은 성별과 이에 근거한 성적 정체성이 궁극성을 잃고, 타락 이전의 인간의 상태와도 같이 무성적이고 천사와도 같은 상태가 된다.[224]

4. 종말론적인 지워짐

퀴어 신학은 종말에 "신령한 몸"(고전 15:44)을 입을 때 생물학적인 성과 젠더적 성별을 포함한 모든 고정된 정체성이 지워지고 신자들이 그리스도의 몸의 지체라는 사실만이 남게 된다고 말한다. 그리스도의 몸은 문화적으로 구성된 모든 정체성을 조롱하고 뒤엎는다. 다시 말해서 그리스도 안에서 남성성과 여성성, 그리고 동성애와 이성애가 은혜의 보좌 앞에서 해체되고 세례의 옷만이 남게 되며 모든 신자들은 결국 성전환자가 될 것이다.[225]

V. 퀴어 신학의 삼위일체론에 대한 비판

1. 퀴어 신학의 정의의 문제

퀴어 신학의 출발점은 정통신학이 동성애를 "낯설고 이상한 것"으로 파악하고 비판한다는 점을 반대로 뒤집어서 정통신학 자체가 "낯설고 이상한 것"이기 때문에 오히려 정통신학의 중요한 신학적 주제들과 동성애는 본질이 같고 따라서 정통신학의 신학적 주제들은 동성애를 신학적으로 정당화할 수 있다는 것이다. 그런데 문제는 정통신학 자체가 "낯설고 이상한" 요소들을 가지고 있다 하더라도 정통신학이 신학적 주제들을 "낯설고 이상한" 특징들을 가지고 있다고 할 때 이 표현에 담겨 있는 의미와 동성애를 "낯설고 이상한" 것으로 파악할 때 이 표현에 담겨 있는 의미가 판이하게 다르다는 데 있다. 퀴어 신학은 "낯설고 이상한"이라는 표현이 지니는 다양하고 복잡한 함의들을 의도적으로 무시하고 여자적 동일성만을 자의적으로 부각시킨다.

정통신학의 신학적 주제들이 "낯설고 이상하다"는 말은 이 주제들이 불신자들의 이성과 경험을 넘어서는 초월적인 내용들로 구성되어 있기 때문에 불신자들의 이성과 경험의 관점에서 보면 납득되기 어려운 요소들을 지니고 있다는 의미를 담고 있다. 말씀으로 이 세상을 창조하셨다는 진리는 인간의 경험밖에 있고, 또 재료가 있어야 새로운 물건을 만들어 내는 인간의 기술에 비추어 보았을 때 납득이 잘 안 되는 사건이다. 어떤 사람이 죄를 범했다면 죄를 범한 사람이 형벌을 받아야 마땅한데, 아무런 연관도 없는 제3자가 형벌을 대신 받고 사면해 준다는 원리를 담고 있는 대속의 구원론도 불신자의 이성으로 납득되기 어려운 일이다. 또한 성경에는 자연의 법칙을 거슬러서 행하여진 초자연적인 사건들이 많이 기록되어 있다. 출애굽사건, 여호수아의 명령으로 해가 중천에 머무른 사건, 요단강이 갈라진 사건, 동정녀에게서 아기 예수가 탄생한 사건, 오병이어 사건, 죽은 사람을 살린 사건, 병이 치유된 사건 등이 모두 이성의 관점에서는 납득할 수 없는 사건들이며, 부활의 소망도 이성이나 경험으로 납득할 수 없는 사건들이다. 그러나 성령의 인도함을 받는 거듭난 신자들의 이성의 관점에서는 이런 일들이 모두 타당한 것으로 여겨지며 경험적으로도 문제가 없는 것들로 인식된다.

그러나 정통신학이 동성애를 낯설고 이상한 것으로 볼 때는 이와는 전혀 다른 의미가 부여된다. 정통신학의 입장에서 동성애가 낯설고 이상하다는 말은 동성애가 비도덕적일 뿐만 아니라 의학적으로나 생물학적으로 통상적인 상식적 질서와 부합하지 않는다는 뜻이다. 동성애는 성경의 가르침과 보편적인 인류의 성윤리에 반하는 비도덕적인 성적 관행이다. 남성 동성애의 경우에 배설기관과 생식기관의 기괴한 접촉이라는 점에서 생물학적 상식에 반하며, 이런 접촉을 통하여 각종 질병 발병의 원인이 될 수 있다는 점에서 의학적인 상식에도 반한다.

결론적으로 말해 정통신학에서 말하는 신학적 주제들의 낯설고 이상함과 동성애를 옹호하는 퀴어 신학의 낯설고 이상함은 서로 연결시킬 수가 없다.

2. 범신론의 문제

퀴어 신학의 신론이 드러내는 첫 번째 문제는 명확하게 하나님과 피조물을 동일시하는 범신론의 특성을 드러내고 있다는 점이다. 퀴어 신학의 계시론은 신적인 것과 인간적인 것의 경계선을 허물어 버리고 있으며, 창조세계는 범신론적으로 하나님 그 자체이자 창조는 그리스도의 몸으로 인식된다. 성령은 인간과 하나님 사이에 놓인 모든 경계선을 허물어뜨리는 자로 인식된다.

물론 하나님은 피조물 안에 내재하시지만 창조주로서 피조물로부터 철저하게 질적으로 구분된 모습으로 내재하신다.[226] 세계는 하나님이 아니며 그렇다고 해서 하나님의 일부분도 아니다. 세계는 하나님과는 구별된 어떤 것이어서 하나님과는 정도에서만이 아니라 본질적 특성들에서도 다르다. 하나님은 자존적이고 자족적이며 무한하고 영원하신 반면에, 세계는 의존적이고 유한하며 시간적이다. 하나님은 결코 세계로 바뀔 수 없다. 우주는 하나님의 존재 형식이 아니며, 절대자의 현상적인 나타남도 아니다. 하나님은 단순한 생명이나 영혼 혹은 세계의 내적 법칙이 아니라 세계로부터 절대적으로 독립되어 있고 세계 위에 계셔서 자신의 영원히 완전한 생명을 향유하신다. 하나님은 기이한 일을 행하시는 초월하신 하나님이다.[227]

퀴어 신학이 하나님과 피조물의 질적 차이를 무시하고 양자를 질적으로 동일시하는 것은 피조물을 신성화하는 결과를 초래하는 동시에 하나님의 속성을 피조물의 수준으로 떨어뜨린다. 하나님의 초월성은 인간이 경험할 수 없는 영역인 반면에, 피조물의 속성은 인간이 100% 경험하는 내용이다. 피조물을 경험이 불가능한 하나님의 수준으로 높이는 것은 공허한 관념으로 끝나기 쉬운 반면에, 하나님을 피조물의 수준으로 낮추는 것은 경험이 가능한 것으로 바꾸는 것이므로 실체로 나타날 수 있다. 하나님의 존재의 속성을 피조물로 낮추는 것은 하나님의 본성에 심대한 손상을 가하는 것이며, 따라서 이단으로 판명 받을 수 있는 명확한 근거가 된다. 그러므로 하나님은 제1계명을 통하여 피조물을 하나님의 자리로 끌어 올리지 말 것을 명령한 다음에 제2계명에서 하나님을 피조물의 자리로 끌어내리지 말라는 준엄한 명령을 주신다.[228]

3. 신성모독적인 범신론(1): 하나님을 반창조질서적이고 반생물학적인 성전환자와 동일시함

퀴어 신학은 하나님을 자신이 설정하신 창조질서에 정면으로 반대되는 본성을 지닌 존재로 둔갑시킴으로써 하나님을 본성과 말이 서로 다른 위선적 존재로 제시하였는데, 이는 하나님의 거룩성과 도덕성을 심각하게 손상시키는 것이다.

퀴어 신학은 하나님을 남성성과 여성성을 동시에 지닌 유동적인 자웅동체적 존재로 일관되게 제시한다. 퀴어 신학은 인간을 이성애자와 동성애자, 그리고 남자와 여자로 양극적으로 구분하는 전통적인 구분법을 해체하는 성전환자의 경험을 하나님에게 적용하여 하나님을 유동적인 젠더감성을 지닌 존재로 제시한다. 하나님이 전능하시다는 말은 전성적(omnisexual), 전성별적(omnigendered)이라는 의미를 지니며 하나님이 성전환적인 실재임을 뜻하는 것으로 해석된다. 삼위 사이의 관계도 성전환적이고 자리바꿈을 할 수 있는 유동적인 관계로 이해된다. 삼위의 각 위들은 남성이기도 하고 여성이기도 하며, 탑이기도 하고 바텀이기도 하다.

퀴어 신학에서 예수 그리스도는 경계선을 비범하게 넘나드는 자로서 양성적 경계선, 젠더적 경계선을 가리지 않고 넘나든다. 성육신 때 처녀 잉태의 결과로 태어나셨기 때문에 예수님의 출생은 생물학적으로 보면 단성생식이며, 예수님은 남자에게서 오는 Y 염색체가 없기 때문에 두 개의 X 염색체를 가지고 있는 셈이다. 예수님은 표현형으로는 남성이지만 또한 여성으로서 자웅동체이시다. 예수님의 지상사역은 사회적 구성물인 양성적 관계의 경계선을 넘나드는 것이다. 예수님은 게이나 이성애자나 어느 한 범주로 간주되는 것을 거부한다. 남자나 여자나 다 그리스도 예수 안에서 하나라는 갈라디아서 3장 28절 본문은 남자와 여자의 경계선을 해체한 본문으로 해석된다. 자웅동체이신 예수님은 간성적 존재다.

그 증거는 예수님의 옆구리에 난 상처인데, 이 상처가 여성성기로 간주된다. 십자가의 죽음에서 예수님은 여성으로 전환되신다. 부활은 성별을 완전하게 재규정하는 수술로서 부활을 통하여 예수님은 다성적인 몸이 되어 이성애를 드러내기도 하고 동성애를 드러내기도 하신다. 새로운 성별로 재탄생할 때 부활의 감성을 느낀다. 성별의 양극적 경계선을 허무는 것이 곧 구속이며, 성령은 남성과 여성의 경계선을 허물면서 여장을 한 남성 동성애자(drag queens)들과 남장을 한 여성 동성애자(bulldykes) 사이에서 일하신다. 오순절 사건은 이성애적 규범적 관계에 저항하고 온갖 성적 일탈이 자행되는 동성애시민들, 퀴어 젊은이들, BDSM, 가죽 공동체, 여장 남자 공동체, 술집, 목욕탕, 여성전용방, 열두단계그룹방, 회당, 교회, 회교사원, 애쉬람, 섹스 클럽, 로데오, 독서회, 카페, 대학 강의실, 신학교 강의실 등에 역사하신다. 교회는 성별을 해체한 자들의 공동체이며, 세례 받을 때 젠더와 생물학적 성의 구분이 지워져 버리며, 성찬 시에 그리스도의 몸은 남성의 몸이 아닌 무성적인 몸으로 변화되며, 신자의 몸도 같은 몸으로 변화된다. 종말론적인 삶은 성별의 구분이 해체된 삶이며, 신령한 몸은 모든 고정된 성별 정체성이 지워진 성전환자의 몸이다.

그러나 하나님은 인류의 성별에 대하여 두 가지 점을 분명히 하고 있다. 첫째로, 창조 시부터 종말의 날까지 인류의 성별은 남자와 여자라는 양성으로 존재한다. 이 양성질서에서는 남성이 여성으로 또는 여성이 남성으로 환원되거나, 두 성이 섞이거나, 두 성이 동체로서 한 몸 안에 존재하지 않는다. 둘째로, 퀴어 신학은 양성질서가 사회의 문화적이고 구성적 산물이므로 문화가 바뀜에 따라서 변경이 가능하다고 강변하고 있으나, 오히려 성별을 유동적으로 파악하는 젠더주의가 사회의 문화적인 구성적 산물이고 양성질서는 하나님의 일반은총의 차원에서 정해주신 객관적인 과학적 진리 곧, 생물학적이고 의학적인 질서로서 인간이 주관적으로 바꿀 수 있는 것이 아니다.

성별에 관하여 말하는 본문은 창세기 1장 27절과 28절이다.[229] 이 본문은 뒷부분부터 거슬러 올라가 읽으면 다음과 같은 구도가 나온다. 첫째로, 아담과 하와가 땅을 정복하고 다스리기 위하여(문화대명령), 둘째로, 생육하고 번성해야 하는데(여기에는 성관계가 전제되어 있다), 셋째로, 성관계를 위하여 하나님은 인간을 남자와 여자로 창조하셨다.

이 본문은 성별에 대하여 두 가지 정보를 전달한다. 첫째로, 성별은 하나님이 정하신 것이다. 하나님이 정하신 성별은 딱 두 개다. 하나는 남자. 다른 하나는 여자. 창세기부터 요한계시록에 이르기까지 남자와 여자 이외에 다른 성별은 등장하지 않는다. 하나님은 남성과 여성의 성별을 정하신 후에 이 성별을 변경시키는 어떤 말씀을 주시거나 어떤 조치를 취하신 일이 없다. 이 말의 의미는 양성질서는 인간의 주관적인 문화적 구성물이 아니라는 뜻이다. 양성질서가 하나님이 정해주신 절대적이고 보편적인 질서로서 문화적 구성물이 아니라는 말은 양성질서가 생물학적인 과학적 사실의 문제일 뿐, 인간의 주관적인 의지에 따라서 결정될 수 있는 문제가 아니라는 뜻이다. 이 점은 창세기 1장 27절과 28절에 사용된 히브리어에 의하여 돌이킬 수 없이 확정된다. 본문에 사용된 남자라는 단어는 히브리어로 자카르이며, 여자라는 단어는 니케바다. 하나님이 성관계를 염두에 두고 성별을 결정하실 때 이 두 단어를 사용하셨다. 자카르와 니케바는 영혼을 배제하고 생물학적인 몸을 지칭하는 단어다. 영혼이 배제된 생물학적 신체구조만 보면 인간과 다른 동물이 연속성이 있기 때문에 동일한 용어가 인간과 동물에게 모두 사용된다. 자카르를 정확하게 번역하면 "수컷"이고, 니케바는 "암컷"이다. 이 말의 의미는 성별을 결정할 때는 생물학적 신체구조만을 고려해야 하고, 인간의 주관적 인지는 배제해야 한다는 뜻이다. 염색체 구조가 XY이고, 이 염색체 정보에 따라서 남성 생식기를 가지고 있으면 남자이고, 염색체 구조가 XX이고, 이 염색체 정보에 따라서 여성 생식기를 가지고 있으면 여자다. 그것으로 성별 결정은 100% 끝난 것이다. 아무 것도 덧붙일 것이 없다.

남성성과 여성성이 한 몸 안에 존재한다고 가정하는 간성(intersex)은 독립된 또 하나의 성이 아니라 염색체, 고환이나 난소, 성 호르몬, 성기 등 성적 특징에 여러 변이가 생긴 상태로 태어난 경우로서 의학적 조치를 통하여 남성 혹은 여성으로 회복시켜 주어야 하는 일종의 희귀 질병일 뿐이다.[230] 남성성과 여성성이 한 몸 안에 존재한다고 주장하는 근거들 가운데 하나로서 인간 안에 동성을 향한 성적 욕구가 선천적인 성적 지향으로서 실재한다는 주장이 제시되어 왔으나, 이 주장들은 모두 과학적으로 논박되어 현재는 이 주장을 할 수 없는 상황에 이르렀다. 인간에게 동성애를 유발하는 유전자가 있다는 주장,[231] 성호르몬 분비에 의하여 동성애가 유발된다는 주장,[232] 뇌구조에 의하여 동성애가 유발된다는 주장[233]이 모두 논박되었다.

성이 유동적이라는 것과 자웅동체라는 것이 거짓주장이고, 자웅동체처럼 보이는 경우도 치료를 요하는 희귀질환임을 전제할 때 성부와 성자와 성령 하나님을 성적으로 유동적이고 자웅동체적 존재라고 말하는 것은 성부와 성자와 성령 하나님을 실재하지 않는 거짓 속성을 가진 자로 간주할 뿐만 아니라 치료가 필요한 질환자로 간주함으로써 삼위일체 하나님의 본성에 심대한 손상을 가하는 신성모독적인 주장이다. 성경은 성자 하나님이 성육신하셨을 때 성별 상 남자로 태어나신다는 점을 명확히 한다(사 7:14). 마리아가 요셉과 성관계를 가지지 않았고, 마리아 태 중에 있는 예수님이 요셉으로부터 어떤 자양분도 받지 않은 것은 사실이지만, 성령의 창조적인 기적적인 간섭에 의하여 남자와 성관계를 가진 때와 동일한 남자로서의 생물학적인 조건을 완전하게 갖춘 아들로 탄생하셨다. 이와 동시에 성령의 성화사역이 마리아의 죄의 오염과 부패가 예수님께 전달되지 않도록 차단하심으로써 성자의 인성을 죄 없이 그리고 흠 없이 보존했다.[234]

남자와 여자의 구분은 구속사건이 완성된 후 곧, 부활한 이후에도 유지된다. 예수님의 부활하신 몸이 부활 이전과는 질이 다른 변형된 몸이었음에도 불구하고 부활 이전에 지녔던 외형적인 남성성이 그대로 보존되었다는 사실은 남성성과 여성성의 특징들이 역사의 종말의 때, 보편적인 인류의 부활이 일어난 이후의 영광스러운 상태에서도 그대로 유지될 것임을 시사한다. 일부 신학자들은 부활할 때 장가도 가지 않고 시집도 가지 않고 하늘에 있는 천사들과 같다(마 22:30)는 예수님의 말씀에 근거하여 부활 상태의 무성성을 주장하기도 하지만,[235] 이 주장은 본문을 잘못 해석한 결과다. 예수님은 이 본문에서 첫째로, 성이 없어질 것이라고 선언하신 일이 없고, 다만 결혼이 더 이상 행해지지 않는다는 점을 밝히신 것이며, 둘째로, 부활 이후 사람들이 천사들과 같이 될 것이라고 했는데, 천사가 성적인 존재가 아니라는 말은 성경에 등장하지 않는다.[236]

부활 이후에도 남자와 여자의 성적 구분은 그대로 유지된다. 둘째로, 부활 이후에 변화된 몸을 갖게 된다는 말은 시공간의 제약을 받지 않고,[237] 썩지 않고 (고전 15:42-43), 죽지 않는 (고전 15:52-53) 몸을 입는다는 뜻이다.[238]

4. 신성모독적인 범신론(2): 하나님을 성적인 불륜행위자와 동일시함

전통적인 범신론이 피조물의 중심을 차지하는 인간에게 적용될 때는 인간이 하나님의 형상으로 창조되었다는 언명을 과도하게 해석할 때다. 창세기 1장 26,27절에서 사용된 형상(첼렘)은 원상에 대한 모상, 모양(데무트)은 비슷함을 뜻한다. 고린도전서 11장 7절이 말하는 형상은 에이콘으로서 구약의 형상(첼렘)의 번역어이고, 야고보서 3장 9절의 형상은 호모이오시스로서 구약의 모양(데무트)의 번역어다. 이 두 계열의 단어들은 교호적으로 사용된 동의어들로서 원상 그 자체를 가리키는 것이 아니라 원상과 비슷한 모상이라는 의미를 지닌다.[239] 전통적인 범신론은 인간은 하나님이라는 원상의 모상이라는 성경의 가르침을 과도하게 해석하여 인간은 하나님이라는 원상 그 자체와 동질적인 것으로 본 데서 비롯된 것이다. 이와 같은 문제점을 드러내면서도 전통적인 범신론은 인간과 하나님을 일치시킬 때 거룩성과 도덕성의 범주를 벗어나지 않았다. 그러나 퀴어 신학은 거룩성과 도덕성의 범주를 해체시켜 버리고 하나님을 거룩성과 도덕성에 반하는 존재로 둔갑시킨다. 퀴어 신학은 자신들의 성적인 불륜행위를 그대로 하나님에게 투영하여 하나님을 자신들과 동질적인 성적인 불륜자로 떨어뜨리고, 하나님 자신이 말씀하신 도덕적인 명령을 스스로 범하는 모순적인 위선자로 전락시킴으로써 하나님의 본성에 심대한 손상을 가할 뿐만 아니라 참람한 독신성(瀆神性)을 드러낸다.

퀴어 신학에서 성부 하나님은 성교의 대상을 이성으로 한정하는 경계선을 허물어 버리고 자유롭게 성교를 행하시는 분이다. 퀴어 신학은 남성 동성애자들의 성교의 경험을 하나님에게 적용하여 하나님은 남성 간의 성교를 행할 때 위에서 남자의 역할을 하는 탑(top)의 위치에서 바텀의 위치에 있는 다윗과 이스라엘 백성들을 위에서 덮치는 성교를 행하는 분으로서, 가학피학적 성관계를 즐기시는 색광(色狂)으로 파악한다. 삼위일체의 관계는 삼위가 세 방향으로 다자성애를 행하는 관능적 우정의 관계다. 이처럼 삼위는 난교에 들어간다. 놀랍게도 삼위 각자는 자신만의 비밀의 애인들을 대상으로 한 "금지된 욕망"을 숨겨놓고 밀회를 즐긴다. 예컨대 예수는 밀회를 즐기기 위한 이성 애인 막달라 마리아와 동성 애인 나사로를 숨겨 놓았다. 하나님의 다자적 난교가 창조세계 안에 범신론적으로 쏟아 부어진바 되면 모든 사람들은 당사자가 남자이건 여자이건, 몇 명이건, 인간이건 동물이건 관계없이 – 동성애, 양성애, 다자성애, 수간 – 모두 허용된다. 이와 같은 범성적 성애를 거부하는 것이 바로 죄다. 예수 그리스도는 유아시절부터 난교에 들어간다. 마리아는 어머니로서 뿐만 아니라 예비 연인, 배우자, 남편이 되어 근친성교를 행한다. 예수는 양성적, 성전환적 인간으로서 사도 요한과 동성 간의 성교를 가지는 동시에 막달라 마리아와 이성적 성교를 가지며, 만능성애자인 성령과 범성적 성교도 가진다. 예수의 성생활에 대한 기술을 습득하고자 한다면 자위행위나 근친성교를 해 보면 된다. 마가복음 14장 51-52절의 벌거벗은 젊은이는 예수의 동성 연인이었다. 부활하신 예수님은 요한복음 20장 17절에서 막달라 마리아와 이성애적 사랑을 주고받다가 요한복음 20장 27절에서는 도마와 동성애적인 사랑을 주고받는다. 성령은 게이다(gaydar)처럼 LGBT인을 감지해 낸 다음에는 범신적이고 범성애적인 성애에 들어간다. 방언의 은사는 인간의 성욕이 황홀경에 들어갈 때 느끼는 짙은 오르가즘을 느끼는 것과 같은 것이다. 교회는 범신범성적인 성애의 공동체이자 범신범성적 성애로 돌아가는 길이며 타인을 환영하고 관대함을 베푸는 한, 어떤 성교행위 – 익명의 대상과의 성교이든, 아니면 공동체적 성교이든 금지되지 않는다.

이처럼 삼위 하나님을 동성애, 이성애, 다자성애, 근친상간 등과 같은 모든 형태의 불륜행위를 자유롭게 행하시는 자로 묘사하는 것은 하나님을 자신의 도덕법을 스스로 정면으로 범하는 위선자이자 범죄자로 전락시키는 참람하고 신성 모독적이고 사탄적인 진술이다. 하나님은 레위기 18장 22절과 20장 13절에서 동성애를 윤리적인 악한 행위로 간주하여 명확히 금지한다. "너는 여자와 동침함 같이 남자와 동침하지 말라 이는 가증한 일이니라"(레 18:22). "누구든지 여인과 동침하듯 남자와 동침하면 둘 다 가증한 일을 행함인즉 반드시 죽일지니 자기의 피가 자기에게로 돌아가리라" (레 20:13). 하나님은 "너는 여자와 동침함 같이 남자와 동침하지 말라"는 명령을 시대와 장소를 넘어서서 모든 기독교인들이 준수해야 할 보편적이고 절대적인 도덕적 명령으로 제시하셨다.[240]

동시에 이와 같이 삼위일체 하나님을 성적인 불륜의 하나님으로 묘사하는 것은 하나님 자신이 세우신 창조질서 특히 생물학적이고 보건의료적인 건강성을 정면으로 깨뜨리는 정신이상자로 보는 것으로서 신성 모독적이고 사탄적인 발상이다. 특별히 남성 간의 성교는 배설기관인 항문과 생식기관인 성기가 무리하게 만나는 행위라는 점에서 생물학적인 질서에 정면으로 반하며,[241] 이 같은 행위는 심각한 보건의료적인 질병들의 발원지가 된다는 점에서 의학적인 질서에도 정면으로 반한다. a. 오랜 기간 지속적인 항문성교로 항문확장이 이루어져서 대변실금이 나타난다.[242] b. 게이 장 증후군, 이질, 간염, 항문 암 등과 같은 대변구강 감염질환이 나타난다.[243] c. 2012년 미국의 남성 동성애자가 전 국민의 2%밖에 안 되었는데도 불구하고 미국의 매독환자 중 75%가 남성 동성애자에게서 나타나는 등 성병에 감염되었다.[244] c. 에이즈에 감염된다.[245] d. 수명을 단축시킨다.[246]

5. 신성모독적인 범신론(2): 중요한 교리적 사건들을 커밍아웃으로 해석함

퀴어 신학은 중요한 기독교의 교리적 사건들을 모두 동성애자임을 숨기지 않고 대중 앞에 드러내어 공공연하게 동성애를 행하는 사건인 커밍아웃과 동일시한다. 예컨대, 하나님이 숨겨 온 자기 자신을 드러내는 하나님의 계시는 LGBT가 외부로 자기 사랑을 커밍아웃하는 것에 비유된다. LGBT들이 숨어 있는 밀실을 허물고 자유롭게 커밍아웃 하도록 하시는 분이 성령이다. 퀴어 신학에 있어서 커밍아웃은 바로 성례다. 퀴어 신학은 세례 받을 때 젠더와 생물학적 성의 구분이 사라지고 새로운 범주에 들어가기 때문에 세례를 커밍아웃과 동일시한다. 여기서도 퀴어 신학의 신성모독적인 독신성이 그대로 드러난다. 퀴어 신학은 은밀하게 행해 왔던 동성애를 하나님 앞에서 회개하고 동성애로부터 돌이킬 것을 촉구하지 않는다. 오히려 퀴어 신학은 회개를 거부하고 공개적으로 하나님의 말씀에 반하는 죄를 행하기를 대담하게 밝히는 참람한 행위를 하나님의 거룩한 자기계시, 성령의 거룩한 활동, 그리고 세례의 거듭남과 범신론적으로 동일시함으로써 삼위일체 하나님의 본성과 사역에 심각한 손상을 입히며 고의적으로 항거한다.

   인간을 향한 하나님의 자기계시는 동성애가 포함된 죄와 사망의 권세로부터 구원하시는 하나님의 계획을 드러내는 것이며,[247] 동성애가 포함된 세상의 타락한 관습과는 구별되는 거룩한 삶이 어떤 것인가를 보여주는 행동이다.[248] 성령의 사역의 핵심은 동성애가 포함된 죄와 사망의 권세로 죽어 있던 사람을 속사람의 차원에서 거듭나게 하시는 중생사건[249]이며, 거듭난 사람을 겉 사람 속에 여전히 남아 있는 죄의 세력으로부터 점진적으로 해방시키는 성화의 사역이다.[250] 세례는 성령세례와 물세례로 구성되는데, 성령세례는 허물과 죄로 죽어 있던 속사람을 거듭나게 하는 성령의 중생사역을 가리키는 것이며, 물세례는 성령으로 세례를 받고 거듭났음을 인증하는 외적인 표호다.[251]

나가는 말

　어떤 신학과 교파가 이단으로 규정되기 위해서는 기독교의 정체성을 규정하는 핵심교리들 특히, 하나님의 본질과 존재방식에 관한 심각한 왜곡이 있어야 한다. 퀴어 신학은 현대인을 지배하는 새로운 시대사조에 맞추어 정통 기독교의 핵심교리들을 자의적으로 변경 또는 폐기하는 자유주의 신학의 방법론을 채용한다. 이 방법론에 따라 퀴어 신학은 성의 유동성을 주장하는 젠더이데올로기와 이성애적 규범을 철폐한 성해방이념의 관점에서 정통 기독교의 핵심교리들을 외설적이고 독신적(瀆神的)으로 재구성한다. 이 과정에서 퀴어 신학은 LGBT들의 젠더적이고 친동성애적인 경험에 비추서 범신론적으로 삼위일체 하나님의 본성과 사역을 재해석한다.

　퀴어 신학은 하나님을 남성과 여성 사이를 자유롭게 오가는 성전환적인 자웅동체로 묘사하며, 성전환자로서 파트너가 누구인가를 가리지 않고 자유롭게 성애를 품고 성관계를 행하는 외설적인 불륜행위자로 묘사한다. 삼위일체 하나님은 삼위 상호간에 집단 난교를 즐기고, 인간들과 비밀의 애인을 숨겨 놓고 밀회를 즐기며, 이성과 동성을 가리지 않고, 또한 유부녀인가 유부남인가도 따지지 않고 자유롭게 동성애, 양성애, 다자성애, 근친상간을 즐기는 색광으로 묘사한다. 퀴어 신학은 하나님의 본성과 사역에 심대한 타격을 주기 때문에 이단으로 규정되어야 할 뿐만 아니라 참람한 신성모독까지도 자행하는 사탄의 신학이다. 퀴어 신학은 다양한 신학체계들 가운데 하나로서 대화와 신학적 토론의 대상이 아니라 버려야 할 신학적 쓰레기와도 같은 신학이다.

미주

1. 합동신학대학원 대학교 교수(조직신학). 총신대 기독교교육학과(BA), 서울대학교 대학원(M.Ed.), 합동신학대학교대학원(M.Div.) The University of Aberdeen, Scotland(M. Ph., Ph.D.).
2. Derrick Sherwin Bailey, *Homosexuality and the Western Christian Tradition* (London: Longmans, 1955).
3. Walter Brueggemann, *Genesis. Interpretation: A Bible Commentary for Teaching and Preaching* (Atlanta: John Knox Press, 1982), 164.
4. John J. McNeill, *The Church and the Homosexual* (Boston, MA: Beacon Press, 1976).
5. Robin Scroggs, "Does the Bible Not Oppose Homosexuality?" Frontline, available at: http://www.pbs.org/wgbh/pages/frontline/shows/assault/bible/doesnotoppose.html.
6. Edwards Robinson Scroggs, *The New Testament and Homosexuality: Contextual background for Comtemporary Debate* (Philadelphia: Fortress, 1983), 특히 7-11, 101-109 (동성애 매춘), 85-97, 특히 7-11, 36-37 (소아 동성애).
7. Robert E. Goss, *Jesus Acted Up: A Gay and Lesbian Manifesto* (San Francisco: Harper Collins, 1993).
8. 1968년에 오순절 교단 목사 출신인 트로이 페리(Rev. Troy D. Perry) 목사의 거실에서 창립된 교단으로, 지금도 페리가 창립자요 총회의 의장(the Founder and Moderator)으로 있다. Cf. Troy Perry, *Don't Be Afraid Anymore* (New York: St. Martin's Press, 1990). 레즈비언, 게이, 양성애, 트랜스젠더, 그리고 퀴어 공동체의 인권과 정의를 주장하는 일에 주력하고 있으며, 43,000명이 이 교단의 회원으로 있고 22개국의 300여 회중이 있는 것으로 알려져 있다. http://mccchurch.org/.
9. 이 정보는 다음 사이트에서 얻었다: http://lgbt.wikia.com/wiki/Bob_Goss, accessed on October 19, 2017.

10   Robert E. Goss, *Queering Christ: Beyond Jesus ACTED UP* (Cleveland, OH: Pilgrim Press, 2002). 다른 신학자들과 함께 공저한 책은 다음과 같다. Mona West와 함께 *Take Back the Word: A Queer Reading of the Bible* (Cleveland, OH: Pilgrim Press, 2000); Donald Boisvert와 함께 *Gay Catholic Priests and Clerical Sexual Misconduct: Breaking the Silence of Sodom* (New York, NY: Haworth Press, 2005); Thomas Bohache, Deryn Guest, and Mona West와 함께 *The Queer Bible Commentary* (London: SCM-Canterbury Press, 2006); Thomas Bohache, Patrick S. Cheng, and Mona West와 함께 *Queering Christianity: Finding a Place at the Table for LGBTQI Christian*s (Santa Barbara, CA: ABC-CLIO, 2013).

11   Cf. Laurel C. Schneider, "Homosexuality, Queer Theory, and Christian Theology," *Religious Studies Review*, 26/1 (Jan., 2000), 3-12.

12   캘리포니아 대학교 버클리 캠퍼스 교수. 현재는 "비교문학과 비평 이론 프로그램"의 교수로 있다. 주요저서로는 *Gender Trouble: Feminism and the Subversion of Identity* (London/New York: Routledge, 1990), *Bodies that Matter: On the Discursive Limits of 'Sex'* (London/New York: 1993), *Undoing Gender* (London/New York: Routledge, 2004) 등이 있다.

13   터프츠(Tufts) 대학교의 영어 교수. 주요 저서로는 퀴어인들의 문학을 분석하는 *Homographesis: Essays in Gay Literary and Cultural Theory* (New York: Routledge, 2004), 퀴어적 사고의 문제점을 드러낸 *No Future: Queer Theory and the Death Drive* (Durham, NC: Duke University Press, 2004)이 있다.

14   UC San Diago의 부교수를 거쳐 USC의 교수이자 페미니스트 연구소 소장. "여성 남성성"을 말하는 논문 "F2M: The Making of Female Masculinity," in *The Lesbian Postmodern*, edited by Laura Doan (New York: Columbia University Press, 1994), 210-280이 있고, *Female Masculinity* (Durham: Duke University Press, 1998)를 썼다. 대중 가수인 레이디 가가를 우리 시대가 지향할 상징이라고 하면서 "가가 페미니즘"을 주장한다(J. Jack, Halberstam, *Gaga Feminism* (Boston: Beacon Press, 2012)). 그녀는 심지어 "커플로 사는 것도 실패 한다"("the couple form is failing")는 주장을 펴기도 했다.

15   MIT의 문학 교수(1981-96), 뉴사우스웨일즈 대학교(호주)에서 사회학 교수(1996-99)를 거쳐 미시간 대학교의 오든 기념 교수로서 영문학과 젠더 등의 문제를 연구하고 가르치고 있다.

16   뉴욕대학교 공연 예술학과(performance studies) 교수를 역임했다. 2013년에 사망. 주요 저서로는 *Disidentifications: Queers of Color and the Performance of Politics* (Minnesota: University of Minnesota Press, 1999).

17   Hamilton College, Boston University, Amherst College, 듀크 대학교, 뉴욕 시티 대학교 대학원에서 영문학을 가르쳤다. 2009년에 유방암으로 사망. 퀴어 이론 분야에서 많은 작품을 남겼고, "호모사회적"(homosocial)이라는 용어와 "반-호모포비아적"(antihomophobic) 등의 신조어를 만들었다. 주요 저서로는 *Between Men: English Literature and Male Homosocial Desire* (New York: Columbia University Press, 1985), *Epistemology of the Closet* (Berkeley, Calif.: University of California Press, 1991)가 있다. 그녀에 대한 한국에서의 논의에 대해서는 박이은실, "퀴어 이론가: 이브 코소프스키 세즈", <여/성이론>, 30 (2014년 5월), 133-65를 보라.

18   학회지 이름은 *Differences: A Journal of Feminist Cultural Studies* 다. Cf. Teresa de Lauretis,

"Queer Theory: Lesbian and Gay Sexualities," *Differences: A Journal of Feminist Cultural Studies, special issue* 3/2 (Duke University Press, 1991), 18.

19　해체철학과 사회학에서 이 용어가 사용된 예로는 다음 문헌들을 보라. Jonathan Goldberg, ed., *Queering the Renaissance* (1993); Annamarie Jagose, *Queer Theory* (1996); José Esteban Muñoz, *Disidentifications: Queers of Color and the Performance of Politics* (1999); Riki Wilchins, *Gender Theory, Queer Theory* (2004); David Fryer, *Thinking Queerly* (2010); Mimi Marinucci, *Feminism is Queer: The Intimate Connection between Queer and Reminist Theory* (2010); Lynne Huffer, *Are the Lips a Grave? A Queer Feminist on the Ethics of Sex* (New York: Columbia University Press, 2013).

20　Cf. Nancy Wilson, *Our Tribe: Queer Folks, God, Jesus, and the Bible* (San Francisco, CA: HarperSanFrancisco, 1995); Mary E. Hunt, "Theology, Queer," in Letty M. Russell and J. Shannon Clarkson, eds., *Dictionary of Feminist Theologies* (Louisville, KY: Westminster John Knox Press, 1996), 298-99; Gary David Comstock and Susan E. Henking (eds.). *Que(e)rying Religion: A Critical Anthology* (New York, NY: Continuum, 1997); Elizabeth Stuart, ed., *Religion is a Queer Thing: A Guide to the Christian Faith for Lesbian, Gay, Bisexual and Transgendered People* (London: Cassell, 1997); Robert E. Goss and Amy Adams Squire Strongheart, eds., *Our Families, Our Values: Snapshots of Queer Kinship* (Binghampton, NY: The Haworth Press, 1997); Peter Sweasey, *From Queer to Eternity: Spirituality in the Lives of Lesbian, Gay and Bisexual People* (London and Washington: Cassell, 1997); Alison Webster, "Queer to be Religious: Lesbian Adventures Beyond the Christian/Post-Christian Dichotomy," *Theology and Sexuality*, 8 (1998): 27-39.

21　영국 Exeter 대학교 강사. 주요 저서는 *Sex and Uncertainty in the Body of Christ* (London: Routledge, 2010); *Controversies in Queer Theology* (London: SCM Press, 2011); *Theology and Sexuality* (London: SCM Press, 2013): *Un/familiar Theology: Reconceiving Sex, Reproduction and Generativity* (Bloomsbury: T&T Clark, 2017) 등이 있다.

22　*Controversies in Queer Theology*, 6. Patrick S. Cheng, *An Introduction to Queer Theology: Radical Love* (New York: Church Publishing, 2011)가 이 분야의 표준적인 교과서로 간주되고 있다. 이 견해는 이 두 책에 대한 서평을 다룬 Kent L. Brintnall, "Book Reviews," in *Theology and Sexuality*, 16/3 (2010): 308-11에 나타나 있다.

23　"게이 신학"(Gay theology)이라는 이름으로 나온 책들은 다음과 같다. Sally Gearhart and William R. Johnson, eds., *Loving Women/Loving Men: Gay Liberation and the Church* (San Francisco, CA: Glide Publications, 1974); Malcolm Macourt, ed., *Towards a Theology of Gay Liberation* (London: SCM Press, 1977); J. Michael Clark, *A Place to Start: Toward an Unapologetic Gay Liberation Theology* (Dallas, TX: Monument Press, 1989); *Theologizing Gay: Fragments of Liberation Activity* (Oak Cliff, TX: Minuteman Press, 1991); *Defying the Darkness: Gay Theology in the Shadows* (Cleveland, OH: Pilgrim Press, 1997); Gary David Comstock, *Gay Theology Without Apology* (Cleveland, OH: Pilgrim Press, 1993); Richard Cleaver, *Know My Name: A Gay Liberation Theology* (Louisville: John Knox Press, 1995).

24 "레즈비언 신학"(lesbian theology)라는 말을 따로 사용한 예로는 다음을 보라. Grace M. Jantzen, "Off the Straight and Narrow: Toward a Lesbian Theology," *Theology & Sexuality*, 3 (1995): 58-76; Elizabeth Stuart, *Just Good Friends: Towards a Lesbian and Gay Theology of Relationships* (London: Mowbray, 1995); *Lesbian and Gay Theologies: Repetitions with Critical Difference* (Surrey: Ashgate, 2003); Kerstin Söderblom, "Re-thinking and Re-doing Gender in Churches and Theology," *European Forum of Lesbian, Gay, Bisexual and Transgender Christian Groups*, 24 May 2006; Mary Elise Lowe, "Gay, Lesbian, and Queer Theologies: Origins, Contributions, and Challenges," *Dialog*, 48/1 (2009).

25 시카고 신학교 교수. 게이 커플로서 남편 마이클과 함께 살면서 보스톤의 임마누엘 교회의 협동목사를 거쳐 맨하튼의 변화교회의 협동목사.

26 Patrick S. Cheng, *An Introduction to Queer Theology: Radical Love* (New York: Church Publishing, 2011).

27 Patrick S. Cheng, *Rainbow Theology: Bridging Race, Sexuality, and Spirit* (New York: Seabury Books, 2013).

28 Cheng, *An Introduction to Queer Theology: Radical Love*, 9-20.

29 Gary David Comstock and Susan E. Henking (eds.). *Que(e)rying Religion: A Critical Anthology* (New York, NY: Continuum, 1997); Robert Goss with Thomas Bohache, Patrick S. Cheng, and Mona West (eds.,), *Queering Christianity: Finding a Place at the Table for LGBTQI Christians* (Santa Barbara, CA: ABC-CLIO, 2013); K. Talvacchia, M. Pettinger & M. Larrimore, eds., *Queer Christianities: Lived Religion in Transgressive Forms* (New York: New York University Press, 2015).

30 Susannah Cornwall, *Controversies in Queer Theology*, 3-6. 기타 논의로는 Pepe Hendricks, "Queer Muslim Love: A Time for Ijtihad," *Theology and Sexuality*, 22/1-2 (2016): 102-13, 그리고 "approaching Islam queerly"라는 특별 주제를 다룬 다른 글들을 보라.

31 Marcella Althaus-Reid, *Indecent Theology* (London: Routledge, 2002), 200.

32 Marcella Althaus-Reid, *The Queer God* (London and New York: Routledge, 2003).

33 <제3시대 그리스도교 연구소>에서 행한 강연, http://m.ildaro.com/a.html?uid=5328; 2009년 3월 24일에 한신 대학교에서 행한 강연, "What The Bible Really Says About Homosexuality," https://vimeo.com/8864894.

34 Theodore W. Jennings, Jr., *Jacob's Wound: Homoerotic Narrative in the Literature of Ancient Israel* (New York: Continuum, 2005).

35 Theodore Jennings, *The Man Jesus Loved: Homoerotic Narratives from the New Testament* (Cleveland: Pilgrim Press, 2009), 131-44. 이에 대한 비판적 논의로 Michael L. Brown, *Can You Be Gay and Christian? Responding with Love & Truth to Questions About Homosexuality* (Frontline, 2014), 7장을 보라.

36 Theodore W. Jennings, Jr. and Tat-Siong Benny Liew, "Mistaken Identities but Model Faith: Rereading the Centurion, the Chap, and the Christ in Matthew 8:5-13," *Journal of Biblical Literature*, 123/3 (Autumn, 2004): 467-94; Jennings, Jr., *The Man Jesus Loved: Homoerotic*

Narratives from the New Testament (Cleveland: Pilgrim Press, 2003), 131-44.

37 Jennings, Jr., *The Man Jesus Loved: Homoerotic Narratives from the New Testament.*

38 Theodore Jennings, Jr., *Plato or Paul?: The Origins of Western Homophobia* (Cleveland: Pilgrim Press, 2009).

39 Daniel A. Helminiak, *The Human Core of Spirituality: Mind as Psyche and Spirit* (New York: State University of New York Press, 1996); *Religion and the Human Sciences: An Approach via Spirituality* (New York: State University of New York Press, 1998).

40 Daniel A. Helminiak, *The Same Jesus: A Contemporary Christology* (Chicago, Illinois: Loyola Press, 1986).

41 Daniel A. Helminiak, *The Transcended Christian: Spiritual Lessons for the Twenty-first Century*. Updated and Expanded Edition, Self-published (Create Space, 2013), 7, 8, 70-71.

42 Daniel A. Helminiak, *Spirituality for Our Global Community: Beyond Traditional Religion to a World at Peace* (Rowman & Littlefield, 2008).

43 Daniel A. Helminiak, *What the Bible Really Says About Homosexuality* (Tajique: Alamo Square Press, 1994, 2nd Edition, 2000).

44 Susannah Cornwall, "Queer Theology and Sexchatology." Susannah Cornwall interviewed by Richard Marshall, http://www.3ammagazine.com/3am/queer-theology-and-sexchatology/, accessed on 26th October, 2017.

45 K. Söderblom, "Re-thinking and Re-doing Gender in Churches and Theology" (https://www.euroforumlgbtchristians.eu/other-activities/36-english/resource-material/reading-and-studying/lectures/125-re-thinking-and-re-doing-gender-in-churches-and-theology).

46 Lee Edelman & Michele Ainabarale, eds., *No Future: Queer Theory and the Death Drive* (Durham, NC: Duke University Press, 2004), 17: Queerness "can never define an identity; it can only ever disturb one."

47 Cf. Cornwall, "Queer Theology and Sexchatology."

48 Cf. Thomas L. P. Swicegood, *Our God Too* (New York, NY: Pyramid Books, 1974); Althaus-Reid, *Indecent Theology*; Jay Emerson Johnson, "A 'Queer God'? Really? Remembering Marcella Althaus-Reid," Center for Lesbian and Gay Studies, *Pacific School of Religion* (March 5, 2009); Cornwall, "Queer Theology and Sexchatology": "Althaus-Reid's work weaves together queer and postcolonial theory with politics and economics, and insists that God is also queer. God, in fact, she argues, has been exiled from the churches, and exists with people on the margins, especially political, sexual and gender dissidents."

49 Michael L. Brown, *A Queer Thing Happened to America: And What a Long, Strange Trip It's Been* (Concord, NC: Equal Time Books, 2011).

50 Linn Marie Tonstad, *God and Difference: The Trinity, Sexuality, and the Transformation of Finitude* (London and New York: Routledge, 2016).

51 Brown, *A Queer Thing Happened to America*; "The Darker Side of LGBT Theology: From Queer Christ to Transgender Christ," https://stream.org/the-darker-side-of-lgbt-theology-

from-queer-christ-to-transgender-christ.
52 Cf. Grace M. Jantzen, *Becoming Divine: Towards a Feminist Philosophy of Religion* (Manchester: Manchester University Press, 1998; Bloomington: Indiana University Press, 1999).
53 Althaus-Reid, *Indecent Theology*, 200. 페트릭 히긴스는 "이성애적 독재"라는 표현도 사용한다. Patrick Higgins, *Heterosexual Dictatorship* (London: Fourth Estate, 1996).
54 Cornwall, "Queer Theology and Sexchatology."
55 Cf. Cornwall, "Queer Theology and Sexchatology."
56 Cornwall, "Queer Theology and Sexchatology."
57 Cf. Elizabeth Stuart, "Sacramental Flesh," in Gerard Loughlin, ed., *Queer Theology: Rethinking the Western Body* (Oxford: Blackwell, 2007), 65-75.
58 Daniel A. Hermaniak, "Visions of Daniel: Sex as a Spiritual Exercise," in *Reflections: Yale Divinity School* (Spring, 2006), 4-11. *An expanded reprinting of one chapter of Meditation without Myth: What I Wish They'd Taught Me in Church about Prayer, Meditation, and the Quest for Peace* (Crossroad Publishing Co., 2005), Chapter 14. John J. McNeill의 다음 말도 보라: "We know from Revelation that God created us sexual beings and delights in our sexual play. Every human being has a God-given right to sexual fulfillment. … As a psychotherapist with several decades of experience that many, if not most, human beings grow up with badly damaged psyches and a wounded self-image that render them incapable, except with extreme difficulty, to enter into a committed relation based on mutual love. However, these psychically wounded humans still have a right to sexual fulfillment to the best of their ability."(Cited in Thomas C. Fox's obituary, "'Patron saint' of LGBT Catholics, John J. McNeill, 90, dies," https://www.ncronline.org/news/people/patron-saint-lgbt-catholics-john-j-mcneill-90-dies).
59 Cornwall, "Queer Theology and Sexchatology."
60 Cornwall, "Queer Theology and Sexchatology."; Carter Heyward, *Touching Our Strength: The Erotic As Power and the Love of God* (SanFrancisco: HarperCollins Publishers, 1989).
61 H. W. Montefiore, "Jesus, the Revelation of God," in *Christ for Us Today: Papers read at the Conference of Modern Churchmen, Somerville College, Oxford, July 1967*, edited by Norman Pittenger (London: SCM Press, 1968), 109; Jennings, Jr., *The Man Jesus Loved: Homoerotic Narratives from the New Testament.*
62 Carter Heyward, *Saving Jesus from Those Who Are Right: Rethinking What It Means to Be Christian* (Augsburg: Fortress Publishing, 1999); Devorah Jian Lee, *Rescuing Jesus: How People of Color, Women, and Queer Christians are Reclaiming Evangelicalism* (Beacon Press, 2015).
63 Lisa Isherwood, "Queering Christ: Outrageous Acts and Theological Reflections," *Literature and Theology*, 15/3 (2001): 249-61; Goss, *Queering Christ: Beyond Jesus Acted Up.*
64 Patrick S. Cheng, "A Three-Part Sinfonia: Queer Asian Reflections on the Trinity," *Journal of*

Race, Ethnicity, and Religion, 3/9 (January 2012), 21.

65 Patrick S. Cheng, *From Sin to Amazing Grace: Discovering the Queer Christ* (New York, NY: Seabury Books, 2012).

66 R. A. J. Gagnon, T*he Bible and Homosexual Practice. Texts and Hermeneutics* (Nashville: Abingdon, 2001), 228.

67 이것은 Cheng, *From Sin to Amazing Grace*를 인용하면서 Metropolitan Community Church의 죄에 대한 강의안이 제시한 개념이다. Cf. "Holy Conversation 2 - Sin," 5: "The Hybrid Christ allows us to be both/and rather than having to choose certain identities we have at one time, like LGBT, and other - seemingly or historically incompatible - identities at another time, like Christian," http://mccchurch.org/files/2016/08/Holy_Conversations_2-Sin.pdf.

68 Cornwall, "Queer Theology and Sexchatology."

69 Söderblom, "Re-thinking and Re-doing Gender in Churches and Theology" (https://www.euroforumlgbtchristians.eu/other-activities/36-english/resource-material/reading-and-studying/lectures/125-re-thinking-and-re-doing-gender-in-churches-and-theology).

70 Kathy Rudy, *Sex and the Church: Gender, Homosexuality, and the Transformation of Christian Ethics* (Boston: Beacon Press, 1997); Elizabeth Stuart, "Sexuality: The View from the Font (the Body and the Ecclesial Self)," *Theology and Sexuality*, 11 (1999): 7-18.

71 이를 비판하는 글로는 Michael L. Brown, "The Darker Side of LGBT Theology: From Queer Christ to Transgender Christ," posted on May 20, 2016, https://stream.org/the-darker-side-of-lgbt-theology-from-queer-christ-to-transgender-christ를 보라.

72 Stuart, "Sexuality: The View from the Font (the Body and the Ecclesial Self)," 7-18을 소개하는 Elizabeth Stuart, "Theological Trends: Christianity is a Queer Thing, The Development of Queer Theology," in Elizabeth Stuart, ed., *Religion is a Queer Thing: A Guide to the Christian Faith for Lesbian, Gay, Bisexual and Transgendered People* (London: Cassell, 1997), 378, available at: http://www.theway.org.uk/Back/39Stuart.pdf를 보라.

73 Gerard Loughlin, "Erotics: God's Sex," in *John Milbank, Catherine Pickstock and Graham Ward, Radical Orthodoxy: A New Theology* (London and New York: Routledge, 1999), 143-62.

74 하나님 나라 전반과 "극치에 이른 하나님 나라"에 대해서는 이승구, <기독교 세계관이란 무엇인가> (서울: SFC, 2003, 최근판, 2016), 제 3 장과 그에 인용된 책들을 보라.

75 Cornwall, "Queer Theology and Sexchatology."

76 Cornwall, "Queer Theology and Sexchatology."

77 경기대학교 교양학부 초빙교수, <21세기교회와신학포럼> 대표(조직신학). 이화여대 사회학과 (BA), 한세대학교, 장로회신학대학교 신학대학원, The University of Tübingen (Dr. theol.).

78 68혁명은 성적 억압으로부터의 자유를 부르짖으면서 시작되었다. 파리 근교의 낭테르(Nanterre) 대학에서 남학생들이 여학생 기숙사의 출입을 금지 당하자 성별 분리 규정에 반발하면서 시작된 것이다. 이를 학교 당국이 경시하다가 작은 불씨를 엄청나게 키웠을 뿐만 아니라, 학생들의 시위에 노동자들도 가세하여 총파업에 돌입하면서 프랑스를 넘어서게 되었다. 이후 히피(hippie) 문화

와 베트남 반전(反戰) 운동을 통해 국제화·조직화된 좌파 단체와 연계되어 전 세계적 문화혁명으로 비화하였다.

79 「뉴스위크」(Newsweek)는 당시 상황에 대해 이렇게 보도한 바 있다: "지난 2년 동안 게이해방전선(GLF)은 여러 차례 의학 회의들을 방해해왔고, 30여명의 무장된 그룹이 워싱턴에서 개최된 미국정신의학회(APA) 회의장에 난입하였다. 그들은 정상적 회의 진행을 못하도록 20여분 동안 회의장을 혼돈 상태로 뒤집어놓았다"(1971.08.28., 47면).

80 일례로 1975년: 미국심리학회, 1993년: 미국소아과학회, 1997년: 미국정신분석학회, 2004년: 미국인류학회 & 결혼과가족치료학회, 미국카운슬링학회, 미국사회복지사학회 등이 동성애를 질병 목록에서 삭제하였다.

81 M. L. Brown, 자유와인권연구소 옮김, <성공할 수 없는 동성애 혁명> (서울: 쿰란출판사, 2017) 240.

82 스위스 사회주의자이자 유럽각료이사회 구성원인 도리스 스텀프(D. Stump)는 더 이상 여성을 수도적이고 열등한 존재인 '어머니'로 묘사하지 말 것을 요구한 청원서를 제출한 바 있으며, 스코틀랜드의 국가보건서비스는 동성혼 부모를 차별한다는 이유로 '엄마'와 '아빠'라는 호칭을 금지하였다. 미국 국무장관이었던 힐러리 클린턴(H. Clinton)도 '어머니와 아버지' 대신 '부모1과 부모2'를 사용하도록 시도했었다.

83 Brown, <성공할 수 없는 동성애 혁명>, 241쪽에서 재인용.

84 이상원, "퀴어신학에 대한 분석과 비판", 기독교 동성애 대책 아카데미(자료집) (2018.1st), 261.

85 이상원, "퀴어신학에 대한 분석과 비판", 261f.

86 Thomas Aquinas, *Summa Theologia*, I, 3.

87 G. Loughlin, "Introduction: The End of Sex", in: *Queer Theology* (MA: Blackwell, 2007), 10.

88 이상원, "퀴어신학에 대한 분석과 비판", 263.

89 Cf. L. C. Schneider, "Homosexuality, Queer Theory and Christian Theology", *Religious Studies Review*, 26/1(Jan., 2000), 3-12.

90 이승구, "퀴어 신학의 주장과 그 문제점들", 젠더주의와 성혁명, 퀴어신학에 대한 신학적 고찰과 신학교육의 개혁 포럼(자료집) (2020.09.25.), 71f.

91 이승구, "퀴어 신학의 주장과 그 문제점들", 72f.

92 R. E. Goss, *Jesus Acted Up: A Gay and Lesbian Manifesto* (San Francisco: Harper Collins, 1993).

93 D. S. Bailey, *Homosexuality and the Western Christian Tradition* (London: Longmans, Green & Co., 1995), 2f.

94 V. P. Furnish, "What Does the Bible Say about Homosexuality?", in: *Caught in The Crossfire: Helping Christians Debate Homosexuality*, ed. Sally B. Geis and Donald E. Messer (Nashville: Abingdon Press, 1994), 60.

95 Bailey, *Homosexuality and the Western Christian Tradition*, 5.

96 Bailey, *Homosexuality and the Western Christian Tradition*, 31.

97 S. J. Grenz, 김대중 옮김, <환영과 거절 사이에서: 동성애에 대한 복음주의적 응답> (서울: 새물결플러스, 2016), 78.

98   Bailey, *Homosexuality and the Western Christian Tradition*, 60.
99   Grenz, <환영과 거절 사이에서: 동성애에 대한 복음주의의 응답>, 82.
100 H. D. Lance, "The Bible and Homosexuality", 145.
101 Bailey, *Homosexuality and the Western Christian Tradition*, 58.
102 Lance, "The Bible and Homosexuality", 145.
103 많은 사람이 보스웰의 저서에 찬사를 보냈는데, 일례로 저명한 신약학자 리처드 헤이스(R. Hayes)는 "그 박식함이 동성애 이슈에 있어서 권위적 위치를 획득하였다"고 평가했으며, 보스웰에 비판적 자세를 견지했던 로버트 라이트(R. Wright)도 "게이나 동성애를 지지하는 관점에서 볼 때 지금까지 교회사 분야에서 이루어진 가장 수준 높은 수정안에 해당 된다"고 언급했다. 이신열, "바즈웰의 동성애 이해에 대한 비판적 고찰: 그의 저서 <기독교, 사회적 관용, 동성애>를 중심으로", 한국개혁신학회 제45차 학술심포지엄 자료집(자료집) (2018.10.20), 228.
104 특히 R. Hays, "Relations Natural and Unnatural: A Response to J. Boswell's Exegesis of Rom 1", *Journal of Religious Ethics*, 14(1986), 184-215; R. Gagnon, *The Bible and Homosexual Practice: Texts and Hermeneutics* (Neshville: Abingdon, 2001).
105 J. Boswell, *Christianity, Social Tolerance and Homosexuality: Gay People in Western Europe from the Beginning of the Christian Era to the Fourteenth Century* (Chicago: The University of Chicago Press, 1980), 93ff.
106 "주 여호와의 말씀이니라 내가 나의 삶을 두고 맹세하노니 네 아우 소돔 곧 그와 그의 딸들은 너와 네 딸들의 행위 같이 행하지 아니하였느니라 네 아우 소돔의 죄악은 이러하니 그와 그의 딸들에게 교만함과 음식물의 풍족함과 태평함이 있음이며 또 그가 가난하고 궁핍한 자들을 도와주지 아니하며."
107 이민규, "성경으로 동성애를 논하는 것이 어디까지 가능한가?", <성경과 신학> 81(2017), 308.
108 R. A. Gagnon, "The Old Testament and Homosexuality: A Critical Review of the Case Made by Phyllis Bird", *Zeitschrift für alttestamentische Wissenschaft*, 117 (2005), 372.
109 D. Wold, *Out of Order: Homosexuality in the Bible and the Ancient Near East* (Grand Rapids: Baker Books, 1998), 110f.
110 Boswell, *Christianity, Social Tolerance and Homosexuality: Gay People in Western Europe from the Beginning of the Christian Era to the Fourteenth Century*, 100f.
111 Grenz, <환영과 거절 사이에서: 동성애에 대한 복음주의의 응답>, 78.
112 Boswell, *Christianity, Social Tolerance and Homosexuality: Gay People in Western Europe from the Beginning of the Christian Era to the Fourteenth Century*, 59.
113 S. J. Grenz, 남정우 옮김, <성윤리학> (서울: 살림, 2003), 390ff.
114 D. A. Helminiak, 김강일 옮김, <성경이 말하는 동성애> (서울: 해울, 2003), 25f.
115 Helminiak, <성경이 말하는 동성애>, 29.
116 Helminiak, <성경이 말하는 동성애>, 201.
117 Helminiak, <성경이 말하는 동성애>, 32.
118 Helminiak, <성경이 말하는 동성애>, 40.
119 Helminiak, <성경이 말하는 동성애>, 41ff.

120　Helminiak, <성경이 말하는 동성애>, 44, 50.
121　Helminiak, <성경이 말하는 동성애>, 59.
122　Helminiak, <성경이 말하는 동성애>, 90.
123　Helminiak, <성경이 말하는 동성애>, 69.
124　Helminiak, <성경이 말하는 동성애>, 53-79.
125　Helminiak, <성경이 말하는 동성애>, 144ff.
126　Helminiak, <성경이 말하는 동성애>, 190.
127　퀴어 신학자들은 동성애가 죄악이 아님을 입증하기 위해 격론을 벌였는데, 특히 복음서에서 예수가 동성애에 대해 한 번도 명시적으로 비난하지 않았기 때문에 동성애가 죄악이 아니라고 강변한다. 이것은 잘못된 주장인데, 즉 동성애가 심각한 죄악이 아니기 때문에 예수께서 동성애에 대해 논쟁하지 않은 것이 아니라, 1. 구약의 동성애 정죄에 대한 율법적 교리에 논란의 여지가 있을 수 없기 때문이며, 2. 이방 문화와 달리 성에 관해 매우 보수적이고 일찍이 동성애에 대해 엄격한 교육이 이뤄졌던 팔레스타인의 유대 문화에서 동성애가 큰 사회문제로 드러난 적이 없기 때문이며, 3. 남성 중심의 가부장적인 고대 유대인 사회가 성에 대해 드러내놓고 말하기를 꺼리는 폐쇄적 사회이기 때문에 예수께서 동성애와 같은 패역한 행위에 대해 직접적 언명을 피했다고 말할 수 있다.
128　"노신학자의 예언 '기독교 없는 사회 올 것'", <한겨레신문> (2018.08.31).
129　T. W. Jennings, 박성훈 역, <예수가 사랑한 남자: 신약성경의 동성애 이야기> (서울: 동연, 2011), 15f.
130　Jennings, <예수가 사랑한 남자: 신약성경의 동성애 이야기>, 19ff.
131　Jennings, <예수가 사랑한 남자: 신약성경의 동성애 이야기>, 46ff.
132　1958년 예루살렘 교외의 마르 사바(Mar Saba)에 위치한 동방정교회 수도원에서 알렉산드리아의 클레멘스(Clement of Alexandria)가 쓴 편지(200 C. E. 무렵으로 추정)의 18세기 사본이 발견되었는데, 여기에서 모튼 스미스(M. Smith)는 '비밀의 마가복음'(A Secret Gospel of Mark)이라 불리는 자료를 발견하였다. 이 자료는 격렬한 학문적 논쟁의 대상이 되었지만, 일련의 학자들은 마가복음보다 더 초기의 마가복음으로 인식하기도 한다.
133　Jennings, <예수가 사랑한 남자: 신약성경의 동성애 이야기>, 222.
134　Jennings, <예수가 사랑한 남자: 신약성경의 동성애 이야기>, 67-72, 291-298.
135　Jennings, <예수가 사랑한 남자: 신약성경의 동성애 이야기>, 444f.
136　Jennings, <예수가 사랑한 남자: 신약성경의 동성애 이야기>, 373.
137　T. W. Jennings, "성경은 동성애를 '긍정'한다", 제3시대그리스도교연구소, 퀴어신학자 테오도르 제닝스 강연회 연설내용, http://m.ildaro.com/5328에서 인용.
138　Jennings, <예수가 사랑한 남자: 신약성경의 동성애 이야기>, 392.
139　Jennings, <예수가 사랑한 남자: 신약성경의 동성애 이야기>, 312, 322, 324f, 339, 343f, 352f, 361, 365, 370, 434, 447.
140　Jennings, <예수가 사랑한 남자: 신약성경의 동성애 이야기>, 369ff.
141　Jennings, <예수가 사랑한 남자: 신약성경의 동성애 이야기>, 387.
142　Jennings, <예수가 사랑한 남자: 신약성경의 동성애 이야기>, 322ff.

143　Jennings, <예수가 사랑한 남자: 신약성경의 동성애 이야기>, 434.
144　Jennings, <예수가 사랑한 남자: 신약성경의 동성애 이야기>, 447.
145　Jennings, <예수가 사랑한 남자: 신약성경의 동성애 이야기>, 128, 181f, 237, 245f. 255, 258, 354, 446.
146　이 단어는 레위기에서 오직 동성애를 금지하는 조항에만 쓰인 가운데 비정상적 성관계(레 18:26, 27, 29, 30)에 적용된 점이 주목할만하다: 신득일, "레위기의 동성애 법", <동성애, 21세기 문화충돌> (서울: 킹덤북스, 2016), 90.
147　Cf. Boswell, *Christianity, Social Tolerance and Homosexuality: Gay People in Western Europe from the Beginning of the Christian Era to the Fourteenth Century*, 109ff.
148　이 부분은 김영한, <퀴어신학의 도전과 정통개혁신학> (서울: CLC, 2020), 61ff. 참조.
149　이상원, "신학교육과 퀴어신학", <젠더주의와 성혁명, 퀴어 신학에 대한 신학적 고찰과 신학교육의 개혁> (2020.09.25), 89f.
150　D. Guest 외 3인 엮음, 퀴어성경주석 번역출판위원회 옮김, <퀴어성경주석 1> (서울: 무지개신학연구소, 2021); D. Guest 외 3인 엮음, 퀴어성경주석 번역출판위원회 옮김, <퀴어성경주석 2> (서울: 무지개신학연구소, 2022).
151　김영한, "퀴어신학에 대한 비판적 성찰"(I), <크리스천투데이> (2018.02.13).
152　총신대학교 신학대학원 기독교윤리학/조직신학교수 역임. 현대성윤리문화교육원 원장, 한국기독교생명윤리협회 상임대표, 월드뷰 대표 주필. 총신대학교 대학부 신학과/신학대학원(BA, M.Div.), 미국 웨스트민스터 신학교(Th.M.), 네덜란드 캄펜 신학대학교(Th.D.).
153　헤롤드 브라운(Harold O.J. Brown)은 이단의 개념을 "하나님과 그리스도를 직접 다루면서 전통적 기독교와 너무나 다르기 때문에 교회를 분리시킨 교리로 제한하는 것이 좋다"고 정의한다. Harold O.J.Brown, 라은성 옮김, <교회사 안에 나타난 이단과 정통> (서울: 그리심, 2002), 116.
154　퀴어 신학의 정의는 이상원, "퀴어 신학의 이단성", <개혁주의 입장에서 본 퀴어 신학 비판> (서울: 대한예수교장로회 총회, 2020), 118-20에 게재된 내용이다.
155　Gerard Loughlin, "Introduction: The End of Sex," in *Queer Theology: Rethinking the Western Body* (Malden, MA: Blackwell, 2007), 7.
156　Loughlin, "Introduction: The End of Sex," 9.
157　Didier Eribon, *Insult and the Making of the Gay Life* (Phillipsburg: P & R, 2004), 15.
158　퀴어 신학에 대한 엘 엠 톤스타드(L. M. Tonstad)의 설명은 이 내용을 보다 구체적으로 표현한다. "퀴어 신학은 기독교가 사람들이 동성관계에 완전히 참여하는 것을 받아들일 수 있는가, 젠더 정체성이 출생 시에 병원이 부여한 정체성과 부합하지 않는 사람들을 받아들일 수 있는가에 대하여 기존의 견해에 동의하지 않는 데서부터 시작된다. 퀴어 신학자는 기독교가 평생 지속되고, 법적으로 인정받고, 이성애적인 결혼 이외의 모든 성관계를 정죄한다는 주장을 논박하고, 기독교회가 동성 간의 결혼을 기꺼이 받아들이며 모든 사람의 젠더 정체성을 인정한다는 것을 옹호하기 위한 길들을 모색한다." L.M. Tonstad, *Queer Theology* (Oregon: Cascade Books, 2018), 5.
159　목창균, <현대신학논쟁> (서울: 두란노, 1995), 15-31; 박형룡, <현대신학선평> (서울: 한국기독교교육연구원, 1988), 21-156.
160　Plato, *The Symposium, in The Republic and Other Works*, trans. by B. Jowett (New York:

161 러셀 바노이, 황경식·김지혁 옮김, <사랑이 없는 성> (서울: 철학과 현실사, 2003), 174-75.
162 Francis Schaeffer, The God Who Is There, in *The Comlete Works of Francis Schaeffer: A Christian Worldview*, Vol. I (Westchester: Crossway, 1987), 27; 이상원, <프란시스 쉐퍼의 기독교 세계관과 윤리> (서울: 살림, 2007), 60-61.
163 이상원, <프란시스 쉐퍼의 기독교 세계관과 윤리>, 64-65.
164 Alasdaire McIntyre, *After Virtue* (Notre Dame: University of Notre Dame Press, 1984), chapter 2 & 3.
165 John Frame, *The Doctrine of the Christian Life* (Phillipsburg: P & R, 2008), 77-78.
166 가브리엘 쿠비, 정소영 옮김, <글로벌 성혁명> (서울: 밝은 생각, 2018), 42,43.
167 쿠비, <글로벌 성혁명>, 54-55.
168 쿠비, <글로벌 성혁명>, 56-57.
169 쿠비, <글로벌 성혁명>, 57-60.
170 쿠비, <글로벌 성혁명>, 64-65.
171 쿠비, <글로벌 성혁명>, 75-77.
172 쳉이 퀴어 신학의 사랑을 "극단적인 사랑"이라고 정의했으나, 필자는 "극단적인 사랑"을 "범신범성적 성애"(pantheistic and pansexual sexual love)라고 바꾸어 일관성 있게 사용하고자 한다. 그 이유는 두 가지다. 첫째로, 쳉이 말하는 극단적인 사랑의 내용은 실제로 하나님과 인간을 구별하지 않는 범신론을 깔고 있으며, 그 대상에 있어서 남성과 여성의 경계선을 허물어 버린 상태에서 진행되는 성적인 사랑 특히 동성애에 집중되어 있다. 둘째로, 통상적으로 극단적인 사랑이라고 할 경우에 하나님이 신자들을 향하여 보여 주시는, 성교와는 전혀 상관이 없는 아가페 사랑을 의미하는 데, 성애를 극단적인 사랑이라고 부르게 되면 중대한 용어상의 혼란이 불가피하다. 실제로 쳉이 노리는 것도 바로 이 점이다. 실제로는 동성 간의 성적인 사랑을 내용으로 담고 있지만, 극단적인 사랑이라는 용어를 계속하여 사용하게 되면 독자들은 동성 간의 성교가 마치 하나님의 아가페 사랑과 동질인 것처럼 착각할 수가 있다.
173 Patrick S. Cheng, *Radical Love: An Introduction to Queer Theology* (New York: Seabury Books, 2011), 44-45.
174 Cheng, *Radical Love: An Introduction to Queer Theology*, 45-46.
175 Cheng, *Radical Love: An Introduction to Queer Theology*, 46-47; Olive Elaine Hinnant, *God Comes Out: A Queer Homiletic* (Cleveland, OH: Pilgrim, 2007), 168.
176 Susannah Cornwell, "Apophasis and Ambiguity: The 'Unknowingness' of Transgender," in Althaus-Reid and Isherwool, *Trans/formations* (London: SCM Press, 2001), 25.
177 Cheng, *Radical Love: An Introduction to Queer Theology*, 47.
178 Cheng, *Radical Love: An Introduction to Queer Theology*, 50-51.
179 Cheng, *Radical Love: An Introduction to Queer Theology*, 51; Carter Heyward, *Touching Our Strength: The Erotic as Power and the Love of God*. (San Francisco: HarperSanFrancisco, 1989), 99-103.
180 Cheng, *Radical Love: An Introduction to Queer Theology*, 52; Theodore Jennings, "YHWH as

Erastes," in *Queer Commentary and the Hebrew Bible* (Cleveland, OH: Pilgrim, 2001), 36-74.
181 Cheng, *Radical Love: An Introduction to Queer Theology*, 52; Roland Boer, "YHWH as Top: A Lost Targum," in *Queer Commentary and the Hebrew Bible*, 105.
182 Robert Williams, *Just as I Am: A Practical Guide to Being Out, Proud, and Christian* (New York: HarperPerennial, 1992), 96, 100; Cheng, *Radical Love: An Introduction to Queer Theology*, 53.
183 B.K. Hipsher, "God Is a Many Gendered Thing: An ApoPhatic Journey to Pastoral Diversity," In Althaus-Reid and Isherwool, *Trans/formations*, 99.
184 Cheng, *Radical Love: An Introduction to Queer Theology*, 54.
185 Cheng, *Radical Love: An Introduction to Queer Theology*, 56.
186 Cheng, *Radical Love: An Introduction to Queer Theology*, 56-57; Elizabeth Stuart, *Just Good Friends: Towards a Lesbian and Gay Theology of Relationship* (London: Mowbray, 1995), 240-44; Tonstad, *Queer Theology*, 93.
187 Gavin D'Costa, "Queer Trinity, in Loughlin, *Queer Theology*, 277-79; Tonstad, *Queer Theology*, 94-95.
188 Cheng, *Radical Love: An Introduction to Queer Theology*, 58-59; Marcella Althaus-Reid, *The Queer God* (London: Routledge, 2003), 57-59.
189 Cheng, *Radical Love: An Introduction to Queer Theology*, 62-63; Donald Boisvert, *Sanctity and Male Desire: A Gay Reading of Saints* (Cleveland, OH: Pilgrim Press, 2004), 179.
190 Cheng, *Radical Love: An Introduction to Queer Theology*, 62-63.
191 Cheng, *Radical Love: An Introduction to Queer Theology*, 66-67; Eugene F. Rogers, *Sexuality and the Christian Body: Their Way into the Triune God* (Oxford, UK: Balckwell, 1999), 199; Elizabeth Stuart, "Sacramental Flesh," in Loughlin, *Queer Theology*, 67.
192 Cheng, *Radical Love: An Introduction to Queer Theology*, 70-71.
193 Cheng, *Radical Love: An Introduction to Queer Theology*, 74.
194 Cheng, *Radical Love: An Introduction to Queer Theology*, 78-80.
195 Cheng, *Radical Love: An Introduction to Queer Theology*, 83-94; Stuart, "Sacramental Flesh," 65; 이상원, "퀴어 신학의 이단성," 137-38.
196 Virginia Ramsay Mollenkott, *Omnigender: A Trans-Religious Approach* (Cleveland, OH: Pilgrim Press, 2001), 105-106.
197 Cheng, *Radical Love: An Introduction to Queer Theology*, 87, 89, 90; Tina Beatie, "Queen of Heaven," in Loughlin, *Queer Theology*, 294, 300; Graham Ward, "The Displaced Body of Jesus Christ," in John Milbank, Catherine Pickstock, and Graham Ward, eds. *Radical Orthodoxy: A New Theology* (London: Routledge, 1999), 164.
198 Cheng, *Radical Love: An Introduction to Queer Theology*, 80-81.
199 Cheng, *Radical Love: An Introduction to Queer Theology*, 81; Nanct Wilson, *Out Tribe: Queer Folks, God, Jesus, and the Bible* (San Francisco: HarperSanFrancisco, 1995), 147.
200 Cheng, *Radical Love: An Introduction to Queer Theology*, 84; Kittredge Cherry, *Jesus in*

Love (Berkeley, CA: AndroGyne Press, 2006), 139.
201 Cheng, *Radical Love: An Introduction to Queer Theology*, 81-82,84; Cherry, *Jesus in Love*, 11,140.
202 Cheng, *Radical Love: An Introduction to Queer Theology*, 81; Robert Williams, *Just as I Am: A Practical Guide to Being Out, Proud, and Christian*, 118-20.
203 Cheng, *Radical Love: An Introduction to Queer Theology*, 82.
204 Cheng, *Radical Love: An Introduction to Queer Theology*, 82.
205 Cheng, *Radical Love: An Introduction to Queer Theology*, 84; Mollenkott, , *Omnigender: A Trans-Religious Approach*, 106; Stuart, "Sacramental Flesh," 66; Cameron Patridge, "Side Wound, Virgin Birth, Tansfiguration,"in *Theology and Sexuality*, 18, 127-32.
206 Cheng, *Radical Love: An Introduction to Queer Theology*, 83; Justin Tanis, *Trans-Gendered: Theology, Ministry, and Communities of Faith* (Cleveland, OH: Pilgrim Press, 2003), 142-43; Stuart, "Sacramental Flesh," 66; Graham Ward, "There is no diffeence," in Loughlin, *Queer Theology*, 78; Amy Hollywood, "Queering the Beguines: Mechthild of Magdeburgk Hadewijch of Anvers," in Loughlin, *Queer Theology*, 163.
207 Cheng, *Radical Love: An Introduction to Queer Theology*, 94-97; Chris Glaser, *Coming out as Sacrament* (KY: Westminster John Knox Press, 1998), 20-24,33,39.
208 Cheng, *Radical Love: An Introduction to Queer Theology*, 100-101.
209 Cheng, *Radical Love: An Introduction to Queer Theology*, 101-102; Sara Coakley, "Living into the Mystery of the Holy Trinity: Trinity, Prayer, and Sexuality," in *The Holy Spirit: Classic and Contemporary Readings*, Eugene F. Rogers. eds. (Malden, MA: Wiley-Blackwell, 2009), 45; Williams, *Just as I Am: A Practical Guide to Being Out, Proud, and Christian*, 204.
210 Cheng, *Radical Love: An Introduction to Queer Theology*, 102-103.
211 Cheng, *Radical Love: An Introduction to Queer Theology*, 103; Williams, *Just as I Am: A Practical Guide to Being Out, Proud, and Christian*, 189; James Alison, *Undergoing God: Dispatches from the Scene of a Break-In* (New York: Continuum, 2006), 208-31.
212 Cheng, *Radical Love: An Introduction to Queer Theology*, 103-104; Thomas Bohache, "Pentecost Queered," in Deryn Guest and Robert E. Goss, Mona West and Thomas Bohache. ed. *The Queer Bible Commentary* (London: SCM Press, 2006), 568-70.
213 Cheng, *Radical Love: An Introduction to Queer Theology*, 104-105; Rogers, *Sexuality and the Christian Body: Their Way into the Triune God*, 247-48.
214 Cheng, *Radical Love: An Introduction to Queer Theology*, 106.
215 Cheng, *Radical Love: An Introduction to Queer Theology*, 107; Elizabeth Stuart, *Gay and Lesbian Theologies: Repetitions with Critical Difference* (Aldershot, UK: Ashgate, 2003), 113.
216 Cheng, *Radical Love: An Introduction to Queer Theology*, 107-108; Paul Lakeland, "Ecclesiology, Desire, and the Erotic," in Margaret Kamituska. *The Embrace of Eros: Bodies, Desires, and Sexuality in Christianity* (Minneapolis, MN: Fortress, 2010).
217 Cheng, *Radical Love: An Introduction to Queer Theology*, 108-109; Stuart, *Gay and Lesbian*

Theologies: Repetitions with Critical Difference, 113; Kathy Rudy, *Sex and the Church: Gender Homosexuality, and the Transformation of Christian Faith* (Boston: Beacon Press, 1997), 129; Wil Rombotis Brant, "Why Go to Church When You Can Drink with Mary?: Gaymale Clubculture as Religion Without Religion Against Ethics," *Theology and Sexuality*, no. 15 (2001 September), 32-44; Paul J Gorrell, "Rite to Party: Circuit Parties and Religious Experience," in *Thumma and Gray, Gay Religion* (Walnut Creek, CA: AltaMiraPress, 2005), 313-26; Robert E. Goss, *Queering Christ: Beyond Jesus Acted Up* (Cleveland, OH: Pilgrim Press, 2002), 56-71; Michael Bernard Kelly, *Seduced by Grace: Contemporary Spirituality, Gay Experience, and Christian Faith* (Melbourne, Australia: Clouds of Magellan, 2007), 211-14.

218 Cheng, *Radical Love: An Introduction to Queer Theology*, 109; Stuart, *Gay and Lesbian Theologies: Repetitions with Critical Difference*, 114.

219 Cheng, *Radical Love: An Introduction to Queer Theology*, 110-11; "Reclaiming Out Traditions, Rituals, and Spaces: Spirituality and the Queer Asian Pacific American Experience," *Spiritus*, 6, no.2 (2006 Fall), 238.

220 Cheng, *Radical Love: An Introduction to Queer Theology*, 120; Glaser, *Coming out as Sacrament*, 5.

221 Cheng, *Radical Love: An Introduction to Queer Theology*, 121; Glaser, *Coming out as Sacrament*, 12.

222 Cheng, *Radical Love: An Introduction to Queer Theology*, 121; Stuart, "Sacramental Flesh," 66, 67; Rowan Williams, *On Christian Theology* (Oxford: Blackwell, 2000), 209.

223 Cheng, Radical Love: An Introduction to Queer Theology; Elizabeth Stuart, "The Priest at the Altar," Althaus-Reid and Isherwood, *Trans/formations*, 136.

224 Cheng, *Radical Love: An Introduction to Queer Theology*, 123; Stuart, "Sacramental Flesh," 66, 71; Ward, "The Displaced Body of Jesus Christ," 168.

225 Cheng, *Radical Love: An Introduction to Queer Theology*, 131-32; Stuart, "Sacramental Flesh," 65,74-75; Mark D. Jordan, "God's Body," in Loughlin, *Queer Theology*, 290.

226 "이는 내 생각이 너희의 생각과 다르며 내 길은 너희의 길과 다름이니라 여호와의 말씀이니라 이는 하늘이 땅보다 높음 같이 내 길은 너희의 길보다 높으며 내 생각은 너희의 생각보다 높음이니라"는 이사야 55:8-9 말씀은 하나님의 초월성을, "그는 우리 각 사람에게서 멀리 계시지 아니하도다 우리가 그를 힘입어 살며 기동하며 존재하느니라"는 사도행전 17:28-29 말씀은 하나님의 내재성을 증언하며, "내가 높고 거룩한 곳에 있으며, 또한 통회하고 마음이 겸손한 자와 함께 있나니"라는 이사야 57:15 말씀은 하나님의 초월성과 내재성을 동시에 증언한다.

227 루이스 벌코프, 권수경·이상원 옮김, <조직신학 상> (서울: 크리스챤 다이제스트, 1997) 339; Schaeffer, *The God Who Is There*, 211-22. 피조물과 하나님의 존재의 차이를 결정적으로 증언하는 본문은 시편 102:265-27이다. 천지는 없어지지만 하나님은 영존하신다. 천지는 다 옷 같이 낡아질 것이지만 하나님은 한결같으시고 하나님의 연대는 무궁하다.

228 J. Douma, *De tien geboden* (Kampen: Van den berg, 1992), 25-98; F.H. von meyenfeldt,

Tien geboden een (Hilversum: De Boer, 1978).

229 "하나님이 자기 형상 곧 하나님의 형상으로 사람을 창조하시되 남자와 여자로 창조하시고 하나님이 그들에게 복을 주시며 하나님이 그들에게 이르시되 생육하고 번성하여 땅에 충만하라, 땅을 정복하라, 바다의 물고기와 하늘의 새와 땅에 움직이는 모든 생물을 다스리라 하시니라."

230 민성길, "젠더와 정신의학," 김윤태 편, <생명과 성 II> (서울: 밝은 생각, 2020), 112; 이세일, "간성과 동성애는 서로 무관하다," 차바아, <시즌2>, 제50회 (2021년 12월 3일), https://m.youtube.com/watch?v=1PEFvOiiXpE; 류현모, "성분화의 과학," 차바아, <시즌2>, 제42회 (2021년), https://m.youtube.com/watch?v=VF8Yc5Kzsp8&t=405s.

231 동성애자들이 동성애가 유전자에 의하여 구조적으로 결정된다는 것을 증명하기 위하여 제시한 가설들 가운데 대표적인 것들로는 간접적 유전자결정가설과 직접적 유전자 결정가설이 있다. 간접적 유전자결정가설은 일란성 쌍둥이의 경우에 쌍둥이의 어느 한 편이 동성애자이면 다른 한 편도 동성애자라는 사실이 실험을 통하여 입증되었다는 것을 뜻한다. 1952년에 칼만(F.J. Kallman)이 실험을 하고 이 주장을 전개했지만 이 연구결과는 통계조작임이 드러났다(F.J. Kallman, "Comparative Twin Study on the Genetic Aspects of Male Homosexuality," *Journal of Nervous and Mental Disease* (1952), 115). 1992년 후반에 마이클 베일리(Michael Bailey)와 리차드 필라르(Richard Pillar)가 수행한 보다 정교한 연구는 동성애자 집단에 대한 연구를 실행하고 특히 일란성 쌍둥이의 절반 정도가 일치된 성적 지향을 보여 주었다고 보고했다(J. Michael Bailey and Richard C. Pillard, "A Genetic Study of Male Sexual Orientation," *Archieves of General Psychiatry*, 48 (1991), 1081-96; J. Michael Bailey, Richard C. Pillard, Michael C. Neale and Yvonne Agyei, "Heritable Factors Influence Sexual Orientation in Woman." *Archieves of General Psychiatry*, 50 (1993), 217-23). 그러나 이 연구는 표본선택의 무작위성(Stanton L. Jones and Mark A. Yarhouse, *Homosexuality: The Use of Scientific Research in the Church's Moral Debate* (Downers Grove, Il: IVP, 2000), 73-79; "Science and the Ecclesiastical Homosexuality Debates," *Christian Scholar's Review*, 26, no.4 (1997), 446-77). 다른 연구에서의 재현실패(Michael King and Elizabeth McDonald, "Homosexuals Who Are Twins: A Study of 46 Probands." *British Journal of Psychiatry*, 160 (1992), 407-9), 수치의 조작 (Jones and Yarhouse, *Homosexuality: The Use of Scientific Research in the Church's Moral Debate*, 76-77) 등으로 사실과 다르다는 사실이 드러났다. 이후 1995년에 일반 미국인들을 대상으로 한 연구와 2010년에 스웨덴의 일반인들을 대상으로 한 연구 - 이 연구도 조사과정의 편향성으로부터 자유롭지 못한 연구이지만 - 는 10% 내외의 일치율을 보여 주었을 뿐이다(길원평 외, <동성애: 과연 타고나는 것일까?> (서울: 라온누리, 2016), 43-47). 직접적 유전자결정가설은 1993년에 딘 해머(Dean Hamer)가 에이즈 치료 프로그램에 참여한 사람들을 대상으로 한 조사에서 Xq28이라고 명명된 이른바 "동성애 유전자"를 발견했다고 보고한 것을 뜻한다(Dean H. Hamer, Stella Hu, Victoria L. Magnuson, Nan Hu and A.M.L. Pattatucci, "A Linkage Between DNA Markers on the X Chromosome and Male Sexual Orientation," *Science*, 261 (1993), 320-26). 그러나 이 실험은 재현에 실패했고(George Rice, Carol Anderson, Neil Risch and George Ebers, "Male Homosexuality: Absence of Linkage to Microsatellite Markers at Xq28," *Science*, 284 (1999 April), 665-67), 표본선택이 잘못되었으며, Xq28 자체가 동성애와는 아무런 관련이 없음이 확인

되었다 (Jones and Yarhouse, *Homosexuality: The Use of Scientific Research in the Church's Moral Debate*, 81). 특히 2019년 미국 브로드 인스티튜트(the Broad Institute)의 안드레아 가나 박사가 이끄는 연구팀은 47만여명의 유전자자료를 분석한 결과 동성애 유발 유전자는 없다는 결론을 내려 동성애 유전자 실재여부에 관한 논쟁에 종지부를 찍었다 (엄남석, "동성애 유전자는 존재하지 않고 4개 관련 유전자 변이만 발견," https://blog.naver.com/esedae/221383052302 (2018); 민성길, "동성애와 의학," 권요한 외, <생명과 성 I> (서울: 밝은 생각, 2020), 178; Gana, A. et al., "Large-Scale GWAS reveals insights into the genetic architecture of same-sex sexual behavior." *Science*, (2019 Aug) 365(6456), eaat76930.).

232 동성애자들이 동성애가 호르몬에 의하여 결정된다는 것을 증명하기 위하여 세운 가설들로는 성인 호르몬 가설과 산전 호르몬 가설이 있다. 성인 호르몬 가설이란 19세기에 등장한 가설로서 남성 동성애자들에게 있어서는 여성호르몬 수치가 높고 남성 호르몬 수치가 낮은 반면에 여성 동성애자들에게 있어서는 남성 호르몬 수치가 높고 여성 호르몬 수치가 낮다는 사색을 말하는데, 현대의학은 동성애자들과 이성애자들 사이에 호르몬 숫치 상의 차이가 없다는 사실에 의견의 일치를 보았다 (Jones and Yarhouse, *Homosexuality: The Use of Scientific Research in the Church's Moral Debate*, 61). 산전 호르몬 가설로는 첫째로, 동물 성 호르몬 투여실험이 있는데, 이 실험은 쥐를 대상으로 한 실험에서 비정상적인 높은 수치의 성호르몬을 투여했을 때 동성애의 성행동을 보였다는 주장을 뜻한다(Lee Ellis and Ashley Ames, "Neurohormonal Functioning and Sexual Orientation: A Theory of Homosexuality-Heterosexuality," *Psychological Bulletin*, 101 (1987), 233-38). 그러나 이 실험은 통상적인 성관계에서 실험 시에 조성한 바와 같은 비정상적인 호르몬 분비가 이루어지는 일이 없고(Jones and Yarhouse, *Homosexuality: The Use of Scientific Research in the Church's Moral Debate*, 62). 단순히 본능에 의해서만 이루어지는 동물의 성교와 인격적인 요소가 깊이 관여하는 인간의 성교를 혼동하고 있다는 점 때문에 신뢰성이 의심되었다 (이상원, "성이란 무엇인가? - 성경적, 신학적 윤리적 생리학적 관점에서 -," <교회의 성: 잠금해제?> (서울: 한국교회탐구센터 IVP, 2014), 10-53).

233 동성애자들은 동성애가 뇌세포에 저장된 정보에 의하여 좌우된다는 것을 증명하고자 시도했다. 암스테르담 대학교의 스와브(Swaab)와 홉만(Hobman)은 이성애자의 시상하부의 SCN(suprechiasmic nucleus)이 동성애자의 SCN보다 크다는 연구결과를 발표했으나 SCN은 성적 행동을 결정하는 데 아무런 역할을 하지 않는다. 시몬 르베이(Simon Levay)는 INAH3(intersitial nucleus of the anterior hypothalamus 3)가 동성애자들과 이성애자들 사이에 크기의 차이가 발견되었다고 보고했으나 이 연구는 표본조사의 편향성의 문제가 있었던 것이 발견되었다. 게다가 이 두 연구는 재현에 실패했다 (Jones and Yarhouse, *Homosexuality: The Use of Scientific Research in the Church's Moral Debate*, 67-70).

234 김석환, <성경과 삼위일체 하나님> (서울: 킹덤북스, 2014), 78, 291.

235 Gene A. Getz, *The Measure of Family* (Grendale, Calif: Gospel Light/Regal Books, 1976), 47.

236 스탠리 그렌츠, <성윤리학> (서울: 살림, 2003), 49-50.

237 예수님의 몸이 문이 닫혔음에도 불구하고 제자들 한 가운데로 들어오실 수 있는 몸이신 것처럼 (요 20:16), 우리는 물리적 제한 없이 공간이동이 자유로운 몸을 입게 된다. 우리의 시력은 망원경에 의하는 것보다 더 멀리 보며, 운행력은 전기 같이 우주의 이 부분에서 저 부분까지를 신속하게

달릴 수 있을 정도로 모든 감각력과 운동력이 민첩하고 널리 미친다(김석환, <성경과 삼위일체 하나님>, 165-66).

238 김석환, <성경과 삼위일체 하나님>, 166-67.
239 이상원, "개혁주의 인간론은 인간의 성품을 어떻게 말하는가?: 하나님의 형상과 그리스도인의 성품," <하나님의 성전으로 지어져가는 아름다운 우리 성품> (서울: 대한예수교장로회 총회교육진흥원, 2015), 13-14; 박형룡, <교의신학 인죄론> (서울: 한국기독교교육연구원, 1988), 95-96; 벌코프, <조직신학 상>, 412-14; 안토니 A. 후크마, <개혁주의 인간론> (서울: 기독교문서선교회, 1999), 23-60.
240 Robert A.J. Gagnon, *The Bible and Homosexual Practice: Texts and Hermenuetics* (Nashville: Abingdon Press, 2001), 110. 이 명령이 시대와 장소를 초월하여 주어진 보편적이고 절대적인 명령이라고 보는 근거는 다음과 같다.

a. 이 명령은 가언명령의 형태가 아니라 정언명령의 형태로 서술되어 있다. 가언명령은 일정한 조건을 설정하고 그 조건 안에서 행할 것을 명령하는 서술법이다. 예를 들어서 신명기 24:5에 보면 다음과 같은 규범적 명령이 나온다. "사람이 새로이 아내를 맞이하였으면, 그를 군대로 보내지 말 것이요." 이 명령은 "아내를 새로 맞이하는" 조건적 상황에 한정하여 주는 명령이다. 따라서 이 조건적 상황이 해소되면 이 명령은 더 이상 적용되지 않는다. 이에 반하여 정언명령은 어떤 조건도 달지 않고 단도직입적으로 명령하는 서술법으로서 보편적이고 절대적으로 적용되는 명령을 표현한다.

레위기의 금령은 남성 간의 성교가 어떤 동기에 의하여 행해졌는가를 고려하지 않으며, 어떤 결과를 초래했는가도 고려하지 않는다. 레위기의 금령은 어떤 동기에 의하여 행해졌든, 어떤 결과를 초래했든, 모든 유형의 "남성 간에 이루어지는 성교"를 조건 없이 금지하는 명령이다. 레위기의 금령은 이방신전 안에서 이방신에 대한 경배방식의 한 의례로서 행해진 동성 간의 성교든, 아니면 일반인들 사이에서 행해진 동성 간의 성교든, 구별을 두지 않고 모두 금지시키는 명령이다. 성인들 사이에 서로 합의하여 이루어진 동성 간의 성교든, 아니면 강제로 행한 추행이든, 소아인 남자아이(미동)을 대상으로 한 성교든, 레위기의 금령은 구별을 두지 않고 모두 금지시킨다. 어떤 사람이 반복적인 후천적 습관에 의하여 중독되어 동성애를 향한 굳어진 어떤 성향이 생겨서 동성 간의 성교를 행했든, 아니면 자기의 의지의 선택에 의하여 동성 간의 성교를 행했든, 레위기의 금령은 구별을 두지 않고 모두 금지시킨다. 또한 동성 간의 성교를 통하여 당사자들이 더 깊이 사랑하게 되었고, 이성애를 행할 때보다 더 마음이 편안하고 행복을 느끼는 결과가 찾아오든, 아니면 더 불행해지든, 레위기의 금령은 구별하지 않고 모두 금지시킨다. 레위기의 금령은 "이유나 동기나 결과를 따지지 말고, 때와 장소를 따지지 말고, 동성 간에 이루어지는 성교는 무조건 하지 말라"는 명령이다. 이 명령에다가 어떤 이유나 동기나 결과를 변명으로 덧붙이는 것은 하나님의 명령에 인간의 생각을 첨가하는 것이다.

b. 레위기 18:22은 남성 간에 이루어지는 성교를 금지하고 있는데, 바울은 레위기 18:22의 명령의 보편적이고 도덕법적인 지위를 받아들이면서 이 명령이 남성 간의 성교뿐만 아니라 여성간의 성교도 금지하는 것으로 확대 적용했다. 바울이 로마서 1:24과 26-27에서 레위기 18:22을 기반으로 하여 서술하고 있다는 사실은 두 가지 점에서 확인 된다(Gagnon, *The Bible and Homosexual Practice: Texts and Hermenuetics*, 122). 첫째로, 바울이 동성 간에 이루어지는 성교를 "부끄러

운 일"(아스케모수네)이라고 표현했는데, 이 표현은 구약 히브리 성경인 맛소라 본문을 헬라어로 번역한 70인 역에서 레위기 18:6-19, 20:11,17-21에 24회 사용된 "하체"(에르와, 은밀한 부분, 성기가 있는 부분)를 번역할 때 사용한 용어다. 둘째로, 바울이 로마서 1:24에 동성 간의 성교를 "더러움"(아카타르시아)이라고 표현했는데, 이 표현도 레위기 18:19과 20:25을 70인역의 더러움(따메)을 헬라어로 번역할 때 사용한 용어다.

c. 친동성애적인 입장을 취하는 신학자들은 레위기 18:22과 20:13이 이방신전 안에서 이방신숭배의식의 일부로서 행해진 종교적 의례로서의 남성 간의 성교만을 가리킨다고 주장한다. 그러나 이방신숭배의식으로서의 남성 간의 성교를 금지시킨 본문은 따로 있으며(신 23:17,18), 이 경우는 행위 주체를 가리키는 용어가 다르다. 이방신숭배의식의 일부로서의 남성 간의 성교를 다룰 때는 성교의 대상을 남창으로 번역된 "카데쉬"로 표현했다. "카데쉬"는 "거룩하다"는 의미를 지닌 동사로부터 유래한 것인데, 남창을 가리키는 데 이 용어를 사용했다는 사실은 남창이 신전사제임을 뜻한다. 남창들은 거세수술을 받은 자들로서 다른 남자들의 항문성교의 대상이 되었는데, 카데쉬들과의 항문성교는 신의 축복을 받아내는 통로들 가운데 하나로 간주되었다 (Gagnon, *The Bible and Homosexual Practice: Texts and Hermenuetics*, 102, 103). 그러나 레위기에서는 성교의 대상을 묘사할 때 일반적인 사람을 가리키는 자카르가 사용되었다. 또한 어떤 학자들은 레위기의 명령이 어린 남자아이 곧 미동을 대상으로 한 성교만을 금지시켰다고 주장한다. 그러나 그것이 사실이라면 성교의 대상을 묘사할 때 "나아르"라는 용어를 썼을 것이다. 그러나 레위기에서는 성교의 대상을 묘사할 때 자카르라는 일반적인 사람을 가리키는 용어가 사용되었다 (Gagnon, *The Bible and Homosexual Practice: Texts and Hermenuetics*, 116). 물론 레위기의 금령에는 이방신전에서 행하는 남성간의 성교와 나이어린 남자와 행하는 남성간의 성교도 당연히 포함되지만 거기에 제한되지 않는다.

d. 레위기 20:13은 남성 간의 동성애를 행한 자에 대하여 사형이라는 중형을 부과했다. 이 형벌은 중기 앗시리아의 법이 규정한 형벌인 거세보다 월등히 무거운 것이다 (Gagnon, *The Bible and Homosexual Practice: Texts and Hermenuetics*, 103). 레위기에서 남성 동성 간의 성교는 금지되는 정도가 아니라 최악의 범죄(supreme offense)로 간주되었다. 남성 동성 간의 성교는 자식을 몰렉에게 제물로 바치는 행위(레 20:2, 제1,2,6계명을 범하는 행위), 아버지나 어머니를 저주하는 자(레 20:7, 제5계명을 범하는 행위), 근친상간(레 20:11,12,14, 제7계명을 범하는 행위), 수간(레 20:15,16, 제7계명을 범하는 행위) 등과 함께 사형이라는 중형을 받았다.

e. 모세의 율법은 세 가지 유형으로 구성 된다 (이상원, 2013. <기독교윤리학: 개혁주의적 관점에서 본 이론과 실제> (서울: 총신대학교 출판부, 2013), 95-100; John Calvin, *Institutues of the Christian Religion, trans. Henry Beveridge* (Grand Rapids: Eerdmans, 1989), IV.20.14vv, 15vv; Westminster Confession of Faith, 19.3.4). 의식법은 제사법, 절기법, 정결법 등과 같은 종교적 의례를 다룬 법으로서 장차 오실 예수 그리스도와 예수 그리스도께서 이루실 구속사역을 예표하는 상징체계로서 예수 그리스도께서 이 땅에 오셔서 구속사역을 완성하신 후에는 더 이상 자구적으로 준수하지 않아도 된다. 구약시대에 의식법을 범한 자들에 대해서는 며칠간 격리시키는 조치 정도 이상의 처벌은 하지 않았다. 시민법은 이스라엘이라는 특수한 신정적 정치경제공동체를 운영하는 데 필요한 실정법체계로서, 정치문화와 시대와 지정학적 조건이 달라진 새로운 정치경제적 상황에서는 자구적으로 적용되지 않는다. 도덕법은 시대와 장소를 초월하여 모든 하나님의 백

성들이 준수해야 할 보편적이고 절대적인 법체계로서, 사랑의 대강령, 황금률, 십계명, 성윤리 관련 명령 등이 포함된다. 도덕법의 특징은 이 법을 범하는 경우에는 형사처벌을 받았다는 점이다. 우상을 숭배함으로써 제1,2계명을 범하면 사형 당했고, 안식일을 범하여 제4계명을 어긴 경우에도 사형 당했고, 부모를 저주함으로써 제5계명을 범한 경우에도 사형 당했고, 고의적으로 사람을 죽여 제6계명을 어긴 경우에도 사형 당했고, 간음을 범한 경우에도 사형을 당했다. 레위기20장 13절이 남성 간의 성교를 행한 자에 대하여 사형을 부과하고 있다는 사실은 남성 간의 성교를 금지한 명령이 십계명과 같이 보편적이고 절대적인 도덕법이라는 뜻이다.

241 여성의 성기는 모양을 쉽게 바꾸거나 확대 가능한 두꺼운 근육조직에 의해 둘러싸여 손상되지 않고 마찰에 잘 견딘다. 내부점막과 주위의 근육이 유기적인 구조를 가지고 있어 아이가 출산하는 통로로 이용될 정도로 팽창력이 있다. 반면에 항문은 작은 근육들로 세밀하게 연결되어 있고 꼬리뼈에 붙어있어 여성 성기에 비해 제한적으로 확대된다. 이 때문에 항문 성관계를 할 때 항문과 직장에 상처가 생기기 쉽다. 직장의 외벽은 한 층의 얇은 세포막으로 이루어져 찢어지기 쉽다. 또한 항문의 괄약근은 몸 밖으로 내보내려는 경향이 강하므로, 역방향으로 갑작스럽게 물체를 삽입하면 자연적으로 수축한다. 또한 여성의 성기와 달리 항문과 직장은 마찰을 방지하거나 점액을 배출하는 기능이 매우 부족하다. 결국 점액이 배출되지 않은 상태에서 남성 성기가 삽입되거나 혹은 충분히 팽창하지 않은 상태에서 삽입될 경우, 항문 주위나 항문관 조직은 찢어져 파열될 수 있고, 항문의 출혈 또는 여러 합병증을 유발할 수 있다. 또한 정액은 면역을 약화시키는 작용을 일으킨다. 여성의 면역방어 시스템이 약화되어야만 정자들이 그 방어벽들을 피하여 수정이 가능해지기 때문이다. 따라서 항문 성관계는 항문이나 직장의 취약성과 면역을 약화시키는 정액의 효과 때문에 질병 전염이 극대화될 수밖에 없다 (염안섭, "동성애와 에이즈," 김윤태 외, <생명과 성 II>, 185-86).

242 김지연, "남성 성관계의 문제점: 보건적 고찰," 권요한 외 <생명과 성 I>, 235-36; 민성길, "동성애와 의학," 193.

243 민성길, "동성애와 의학," 192-93; 김지연, "남성 성관계의 문제점: 보건적 고찰," 236-38.

244 김지연, "남성 성관계의 문제점: 보건적 고찰," 247-48.

245 에이즈(AIDS: Acquired Immune Deficiency Symdrome)의 기원에 대한 가장 유력한 설명은 원숭이와 인간의 수간에 의하여 비롯되었다는 것이다 (김지연, "남성 성관계의 문제점: 보건적 고찰," 238; <덮으려는 자/펼치려는 자> (서울: 사람, 2019), 351; Mondo Movie, "Documentario Etnografico 1975," http://www.youtubecom/watch?v=OoThvKoCXbQ; Daily Kos, "TN State Senator says "AIDS caused by gay pilot having sex with monkey," http://www.dailykos.com/story/2012.01/29/1059603). 한국의 경우 2014년 에이즈 감염신고자 1081명 중 남성이 1016명으로 94%를 차지하고 있으며(김지연, "남성 성관계의 문제점: 보건적 고찰," 238), 2011년 미국 전체인구의 1-2%밖에 차지하지 않은 남성 동성애자가 미국 전체 에이즈 감염자 중 69.5%, 청소년 에이즈 감염자 중 94%가 동성애 행위를 한 자들이다 (김지연, "남성 성관계의 문제점: 보건적 고찰," 241; Paul Lakeland, "Ecclesiology, Desire, and the Erotic," in Margaret Kamituska, *The Embrace of Eros: Bodies, Desires, and Sexuality in Christianity* (Minneapolis, MN: Fortress, 2010), 241).

246 김지연, "남성 성관계의 문제점: 보건적 고찰," 233-34.

247 구약의 출애굽사건과 신약의 십자가 사건.
248 "너희는 너희가 거주하던 애굽 땅의 풍속을 따르지 말며 내가 너희를 인도할 가나안 땅의 풍속과 규례도 행하지 말라 너희는 내 규례를 그대로 지켜 그대로 행하라 너는 너희의 하나님 여호와니라" (레 18:3-4). "너희는 이 세대를 본받지 말고 오직 마음을 새롭게 함으로 변화를 받아 하나님의 선하시고 기뻐하시고 온전하신 뜻이 무엇인지 분별하도록 하라"(롬 12:2).
249 박형룡, <교의신학 구원론> (서울: 한국성경교육연구원, 2003), 152-92; 루이스 벌코프, 권수경·이상원 옮김, <조직신학 하> (서울: 크리스챤 다이제스트, 1997), 714-28.
250 박형룡, <교의신학 구원론>, 330-384; 벌코프, <조직신학 하>, 779-808.
251 박형룡, <교의신학 구원론>, 279-87; 벌코프, <조직신학 하>, 890-94.

[저자 약력]

이승구 박사

총신대학교 기독교교육과(B.A.)
서울대학교 대학원(M.Ed., 윤리교육)
합동신학대학원대학교(M.Div.)
영국 세인트앤드류스대학교(M.Phil., Ph.D., 조직신학)
스코틀랜드 애버딘 대학교(M.Phil., Ph.D.)
현 합동신학대학원대학교 조직신학 교수

곽혜원 박사

이화여자대학교 사회학과(B.A.)
한세대학교(M.Div.)
장로회신학대학교(Th.M.)
장로회신학대학원(M.Div.)
독일 튀빙겐대학교(D.Th., 조직신학)
현 경기대학교 초빙교수, 21세기교회와신학포럼 대표

이상원 박사

총신대 신학과(Ba)
총신대 신학대학원(M.Div.)
미국 웨스트민스터 신학교(Th.M)
네덜란드 캄펜신학대학교(Th.D.)
총신대 신학대학원 기독윤리학 교수역임

퀴어 신학이 왜 문제인가?
퀴어 신학의 이단성 탐구

발행일	2023년 7월 10일
지은이	이승구 곽혜원 이상원
디자인	윤상은

펴낸곳	사)기독교문서선교회
등록	제16-25호(1980. 1. 18)
주소	서울특별시 동대문구 천호대로71길 39
전화	본사 02) 586-8761~3 영업부 031) 942-8761
팩스	본사 02) 523-0131 영업부 031) 942-8763
홈페이지	www.clcbook.com
이메일	clckor@gmail.com
온라인	기업은행 073-000308-04-020, 국민은행 043-01-0379-646
	예금주: 사)기독교문서선교회
ISBN	978-89-341-2561-7 (03230)

* 본 책자는 동반연(동성애동성혼 반대 국민연합)의 연구비와 수영로교회의 출판인쇄비를 지원받아 발간되었습니다.

* 이 책의 저작권은 동반연(동성애동성혼 반대 국민연합)이 소유합니다.
신저작권법에 의하여 한국 내에서 보호를 받는 저작물이므로 무단 전재와 무단 복제를 금합니다.

* 낙장·파본은 교환해 드립니다.